Ludger Pries

Internationale Migration

Die Beiträge der Reihe Einsichten werden durch Materialien im Internet ergänzt, die Sie unter **www.transcript-verlag.de** abrufen können. Das zu den einzelnen Titeln bereitgestellte Leserforum bietet die Möglichkeit, Kommentare und Anregungen zu veröffentlichen.
Wir freuen uns auf Ihre Teilnahme!

Die Deutsche Bibliothek •
CIP-Einheitsaufnahme
Pries, Ludger:
Internationale Migration / Ludger Pries. –
Bielefeld : transcript Verl., 2001
(Einsichten)
ISBN 3-933127-27-0

Gestaltung: orange|rot, Bielefeld
Satz: digitron GmbH, Bielefeld
Druck: Digital Print, Witten
ISBN 3-933127-27-0

gänzt: durch den der *Transmigration*. Transmigration kann als eine moderne Variante der nomadischen Lebensform verstanden werden. Sie steht im Zusammenhang mit *transnationalen Sozialräumen*, die sich pluri-lokal *zwischen* und *oberhalb* von verschiedenen Wohn- und Lebensorten aufspannen. In dem Typus der Transmigration ist Wanderung also nicht mehr vorwiegend der – einmalige, zeitlich eng begrenzte – *Übergang* zwischen verschiedenen, örtlich eindeutig fixierten Lebenszusammenhängen. Vielmehr wird Wanderung selbst (wieder) zu einer *Daseinsform*. Der Lebenszusammenhang, innerhalb dessen die individuelle und kollektive Selbstverortung, die soziale Differenzierung und Integration stattfindet, wird durch pluri-lokale *Sozialräume* gebildet, die sich über verschiedene Nationalgesellschaften oder gar Kontinente erstrecken können. Diese pluri-lokalen Sozialräume werden durch die Lebenspraxis von Transmigranten konstituiert.

Natürlich werden die traditionellen Migrationsformen der Emigration/Immigration und der Remigration dadurch weder marginalisiert noch gar obsolet. Sie sind weiterhin von großer Bedeutung, und in aller Regel stehen sie mit der neuen Form der Transmigration in einem wechselseitigen Beeinflussungsverhältnis. Die Beziehungen dieser Typen von Migration zueinander lassen sich eher als Beschleunigungsspirale denn als Nullsummenspiel beschreiben. Gerade deshalb erscheint die Erweiterung der Formen und Dynamiken grenzüberschreitender Wanderungen um das Phänomen der Transmigration von größerer Bedeutung zu sein, als es die quantitative Ausbreitung Letzterer vielleicht zunächst vermuten lässt. In gewisser Hinsicht müssen wir unsere Vorstellungen von internationaler Migration insgesamt überdenken, weil durch Transmigration das Verhältnis von Flächenräumen und Sozialräumen neu bestimmt wird und weil wir umgekehrt Transmigration nicht angemessen verstehen können, ohne über das Verhältnis von Raum und Sozialem zu reflektieren (vgl. ausführlicher Pries 1999 und 2000).

Hiermit sind einige Grundüberlegungen angedeutet, die für die Abfassung dieser Einführung in die Migrationssoziologie bedeutsam waren und ihren Aufbau nachvollziehbar machen sollen. Vor diesem Hintergrund erschien es sinnvoll, sowohl die klassische Migrationsforschung als auch neuere Migrationsstudien zu behandeln. Da zu Ersterer bereits viele

Überblickswerke vorliegen, wird hier besonderes Gewicht auf die Darstellung jüngerer Forschungs- und Diskussionsstränge gelegt. Generell wird angestrebt, ein Verständnis der unterschiedlichen theoretisch-konzeptionellen Denktraditionen und Schulen vor dem Hintergrund der Wirklichkeit internationaler Migration zu entwickeln. Der Schwerpunkt liegt aber eindeutig auf Migrations*theorien* und nicht auf der Darstellung der Empirie internationaler Migration.

Eine zweite Eingrenzung bezieht sich darauf, dass hier vor allem Theorien behandelt werden, die *internationale Wanderungsprozesse* erklären wollen bzw. können. Im Mittelpunkt steht also die Frage: Warum migriert wer wie über nationalstaatliche Grenzen hinweg? Gerade in Deutschland beziehen sich viele Theorien und Studien, die der Soziologie internationaler Migration oder kurz der Migrationssoziologie zugerechnet werden, weniger auf die Problemstellung, warum wer wie grenzüberschreitend wandert, als vielmehr darauf, welche ›sozialen Probleme‹ sich aus diesen Wanderungsprozessen für die Aufnahmegesellschaft ergeben. Hierbei werden dann vorwiegend die *Folgen* internationaler Migration wie z. B. die Phasen und der Grad der gesellschaftlichen Integration und/oder Marginalisierung der Zugewanderten thematisiert.[3]

Eine dritte Abgrenzung der hier behandelten Migrationstheorien bezieht sich auf die klassische Unterscheidung von Arbeits- und Fluchtmigration. Danach erfolgt Erstere freiwillig und aus ökonomischen Gründen, Letztere hingegen gezwungenermaßen und aufgrund von Naturkatastrophen, Kriegen oder politischer Verfolgung. Das internationale Recht (z. B. nationale Asylrechtsgesetze, allgemeine Menschenrechte) und auch die internationale Politik fußen auf dieser Differenzierung und orientieren daran unterschiedliche Handlungsstrategien (z. B. zeitlich befristete Aufnahme von Hunderttausenden von Kosovo-Kriegsflüchtlingen, strikte Kontrolle und/oder Kontingentierung von Arbeitsmigranten). Eine klare Trennung zwischen beiden Typen von Migranten ist allerdings in den meisten Fällen nur schwer möglich.

Ist es sinnvoll, die Arbeitsmigration grundsätzlich als freiwillig zu bezeichnen? Oder liegen ihr nicht in aller Regel so starke strukturelle Zwänge zu Grunde, dass viele Menschen nicht umhin kommen, ihre Heimat und Familie zu verlassen? Umgekehrt wird immer wieder gefragt, ob es sich bei jenen, die hierzulande politisches Asyl beantragen, tatsächlich um politisch Verfolgte oder nicht doch um ›Wirtschaftsflüchtlinge und verkappte Arbeitsmigranten‹ handele. Auch wenn die Abgrenzung zwischen Arbeits- und Fluchtmigration in der Praxis nur schwer vorzunehmen ist, so bestimmt sie die sehr unterschiedliche Zuschreibung und Garantie von Mindestrechten und Ansprüchen von Migranten. Aufgrund des knappen Platzes, der im Rahmen dieser Einführung zur Verfügung steht, konzentrieren wir uns auf die internationale *Arbeits*migration.

Selbst angesichts dieser Einschränkungen bleiben die folgenden Ausführungen skizzenhaft, viele Literaturhinweise können nur unkommentiert weitergegeben werden. Hinsichtlich der Verwendung bestimmter Begriffe und Sprachformen ist anzumerken, dass wir uns um eine möglichst geschlechtsneutrale Formulierungsweise bemüht haben, aber sowohl von der ständigen gleichzeitigen Erwähnung sowohl der männlichen als auch der weiblichen Form als auch von der Verwendung der Innen-Endungen aus Gründen der Lesbarkeit Abstand genommen haben. Zur Bezeichnung der Gebiete, aus denen Arbeitsmigranten kommen und in die sie wandern, verwenden wir hier in der Regel die neutral beschreibenden Termini Herkunftsregion und Ankunftsregion. Herkunftsregion kann sich dabei je nach Kontext auf den lokalen oder den nationalen Zusammenhang beziehen. Der Begriff ist weniger voraussetzungsreich als etwa der der ›Heimat‹. Ankunftsregion wiederum erscheint uns breiter und offener gefasst als Zielregion, weil Wanderungsprozesse häufig sukzessiv erfolgen, wobei sich die ›Zielregion‹ während des Wanderungsprozesses selbst verändert. Die Ankunftsregion ist diejenige, in der sich ein Migrant zum interessierenden Zeitpunkt aufhält – dies kann, muss aber nicht der ursprüngliche Zielort seiner Wanderung sein.

Das breite Spektrum der Theorien internationaler Arbeitsmigration lässt sich nun auf sehr verschiedene Weise strukturieren und darstellen. Denkbar wären etwa Unterscheidungen (1) nach paradigmatischen Schulen (strukturell orientierten Theorien, Handlungs- oder Systemtheorien, marxistische, phänomenologische oder Rational-Choice-Ansätze etc.); (2) *nach Themenbereichen und Fragestellungen* (z.B. wer wandert wie, warum und mit welchen Folgen?); (3)

nach sozialwissenschaftlichen Disziplinen (Ökonomie, Soziologie, Anthropologie, Demographie, Politikwissenschaft etc.); (4) *nach der Analyse- und Reflexionsebene* (Mikro-, Meso- und Makro-Ansätze); und (5) *nach geographischen Bezügen* (Länder, Regionen, Kontinente).

Jede nach Vollständigkeit strebende systematische Darstellung einer oder gar mehrerer dieser Perspektiven würde den Rahmen einer Einführung unweigerlich sprengen. Wir haben uns daher für eine Zweiteilung in ältere bzw. ›klassische‹ und neuere Theorien internationaler Migration entschieden und wollen uns im Folgenden mit der exemplarischen Darstellung solcher Ansätze begnügen, die wir für besonders einflussreich und wichtig halten.[4] Bei der Abgrenzung der jeweils sechs klassischen und neueren Theorieansätze mischen sich häufig thematische, paradigmatische und auf die Wissenschaftsdisziplin bezogene Kriterien. Um die theoretische Erörterung anschaulicher zu gestalten, leiten wir die Behandlung jedes Ansatzes mit einem frei erfundenen, aber realitätsnahen Beispiel ein.

Klassische Theorien internationaler Migration

Klassische Theorien internationaler Migration konzentrieren sich auf die Fragen, warum welche Bevölkerungsgruppen in welcher Form grenzüberschreitend wandern; welche sozialen, kulturellen, ökonomischen und politischen Wirkungen dies auf die Herkunfts- und Ankunftsgesellschaften hat; und wie sich die Migranten in die Ankunftsgesellschaften integrieren. Klassische Migrationstheorien behandeln internationale Wanderungsprozesse vorwiegend als ein- oder zweimalige Ortsveränderungen (Aus-/Einwanderung oder Rückkehrwanderung). Sie sind schwerpunktmäßig auf die Erforschung der Begleitumstände und Integrationsmechanismen in den *Ankunfts*regionen bezogen. Dies ergibt sich schon daraus, dass die diesbezüglichen Forschungsmittel vorwiegend aus den – meist wohlhabenderen – Ankunftsländern stammen, in denen man von den sozialwissenschaftlichen Studien Aufschluss über wichtige gesellschaftliche Probleme und ihre möglichen Lösungen erwartet.

Neoklassische und Neue Ökonomie der Arbeitsmigration

Yilmaz war 1968 gerade 25 Jahre alt geworden und bearbeitete sein 2 ha großes Ackerland in Anatolien noch mit einem Ochsengespann. Zum Lebensunterhalt reichten die Ernteerträge gerade noch aus, aber wenn die fünf Kinder älter würden, wären die notwendigen Ausgaben mit den jetzigen Einnahmen nicht mehr zu bewerkstelligen. Zurückgekehrte Arbeitsmigranten hatten die Verdienstmöglichkeiten und Lebenshaltungskosten in Deutschland geschildert. Er kalkulierte, dass seine Familie ein wesentlich höheres Einkommensniveau hätte, wenn seine Frau mit den Kindern die Felder bestellen und er selbst für einige Jahre in Deutschland leben und arbeiten würde. So entschloss er sich – nach Rücksprache mit seiner Frau – zu einem befristeten Aufenthalt in Deutschland und fing als Montagearbeiter bei Ford in Köln an.

Ökonomisch orientierte Theorien internationaler Arbeitsmigration untersuchen grenzüberschreitende Wanderungsprozesse als eine Sonderform der Mobilität von Arbeitskräften, wobei Letztere als individuelle Wirtschaftsakteure in Marktprozessen verstanden werden. In unserem Beispiel trifft Yilmaz seine Entscheidung zur Arbeitswanderung auf der Basis verfügbarer Informationen über das Verdienst- und Kostenniveau in Deutschland und nach reiflichem Vergleich der gesamten Haushaltseinnahmen und -ausgaben. Die neoklassische Ökonomie geht davon aus, dass der Marktmechanismus zu einer optimalen und gleichgewichtigen Allokation von Produktionsfaktoren führt. Alle Individuen streben eine ökonomische Nutzenmaximierung auf der Basis vollständiger Information an. Bei ihren rationalen Entscheidungen reagieren sie auf Mengen/Preis-Relationen, die ihnen über Marktsignale vermittelt werden.

Bezogen auf Migrationsprozesse bedeutet dies, dass sich Menschen in erster Linie aufgrund von interregionalen Differenzialen der Lohnhöhe und Beschäftigungschancen zu grenzüberschreitender Arbeitswanderung entschließen. Mengen- und Preisrelationen für Arbeitskräfte zwischen Herkunfts- und Ankunftsregionen wirken wie ein Push/Pull-Kräftefeld. Migration sorgt so für eine optimale Versorgung der Einzelnen mit Einkommen und gleichzeitig für eine optimale Allokation des Produktionsfaktors Arbeitskraft nach den jeweiligen Knappheitsverhältnissen, die über die Lohnhöhe signalisiert werden. In dieser Traditionslinie erklärten W. Arthur Lewis (1952) die allgemeine Land-Stadt-Migration und Michael P. Todaro (1969) oder George Borjas (1989) internationale Migrationsströme.

In unserem Beispiel entscheidet sich Yilmaz im Rahmen seiner auf den Familienhaushalt bezogenen Einkommensstrategie für eine zeitlich befristete Arbeitsmigration nach Deutschland. Wenn man nun z.B. durch Befragungen oder Analyse von Massendaten (etwa der statistischen Ämter) nachweisen könnte, dass die Wahrscheinlichkeit der Migration mit den Lohndifferenzialen zwischen Herkunfts- und Zielregion wächst, so wäre dies ein guter Beleg für die Erklärungskraft des neoklassischen Modells.

Tatsächlich ist kaum von der Hand zu weisen, dass ökonomische Kalküle und das Streben nach einer Einkommensverbesserung eine entscheidende Rolle im Prozess internationaler Arbeitsmigration spielen. Allerdings wurden gegen eine vorwiegend oder gar ausschließlich neoklassische Argumentation vielfältige Einwände vorgebracht. Wenn bestehende Lohnunterschiede zwischen Herkunfts- und Ankunftsregion tatsächlich der wichtigste Erklärungsfaktor für Migration wären, so müsste das Migrationsvolumen aus Ländern und sozialen Schichten mit extrem niedrigem Einkommensniveau besonders hoch sein. Tatsächlich wird aber z.B. die Arbeitsmigration in die USA oder die nordwestlichen EU-Staaten nicht von den ärmsten Regionen Afrikas dominiert, sondern von solchen, zu denen historisch gewachsene politische Beziehungen bestehen (z.B. Frankreich mit Algerien, Großbritannien mit den Commonwealth-Staaten, USA mit Mexiko und den Karibikstaaten). Generell gilt, dass Migrationsprozesse nicht von den ärmsten Bevölkerungsschichten eines Landes, sondern eher von den Mittelschichten initiiert werden.

Lohndisparitäten und individuelle Nutzenmaximierung sind also wichtige, aber keine ausreichenden Erklärungsfaktoren für internationale Arbeitswanderung. In Kritik an einer auf individuelle ökonomische Kalküle fixierten Perspektive hat eine sich selbst als »new economics of labour migration« bezeichnende Denkrichtung um Oded Stark (vgl. Stark 1984 und 1991) weitere Variablen vorgeschlagen, die unabhängig von bestehenden Lohndifferenzialen wirksam sind.

Da Entscheidungen für grenzüberschreitende Arbeitswanderungen normalerweise nicht von individuellen Marktakteuren, sondern im Rahmen komplexer Gruppen- und Netzwerkstrukturen (vor allem Großfamilien bzw. Haushaltsverbände) getroffen werden, argumentiert Stark, dass internationale Arbeitsmigration der *Risikodiversifizierung* von Haushaltseinkommen dienen kann: »[...] the migration of a family member, as a means of diversifying the family's income portfolio, could reduce the overall risk associated with the generation of that income« (1984: 207).

Ein zweites Argument der »Neuen Ökonomie der Arbeitsmigration« lässt sich mit dem Stichwort *relative Deprivation* zusammenfassen. Die Bereitschaft zu internationaler Migration nimmt zu, wenn Menschen sich *im Verhältnis zur sozialen Referenzgruppe in ihrer Herkunftsregion* benachteiligt fühlen. Durch internationale Arbeitsmigration können sie ihre Einkommenslage verbessern, gleichzeitig als Referenz ihrer sozialen Positionierung die Verhältnisse ihrer Herkunftsregion beibehalten und dadurch einen relativen Aufstieg oder eine Kompensation erfahrenen sozialen Abstiegs realisieren. Dies würde auch erklären, warum nicht etwa die untersten Einkommensschichten am stärksten zur Migration tendieren, sondern vielmehr die im sozialen Wandel befindlichen Mittelschichten.

Ein drittes Argument der »Neuen Ökonomie der Arbeitsmigration« geht schließlich davon aus, dass die Informationen über die Produktivität bestimmter Lohngruppen für die Beschäftigten und/oder Beschäftiger begrenzt und asymmetrisch verteilt sind. Unter diesen Bedingungen kann z.B. für unqualifizierte Arbeitskräfte eine internationale Arbeitsmigration vorteilhaft sein, wenn die Beschäftiger die Arbeitsmigranten nicht nach ihrer tatsächlichen Qualifikation bzw. Produktivität, sondern nach einem Durchschnittserfahrungswert entlohnen. Auch in diesem Falle liefert die tatsächliche durchschnittliche Lohndifferenz zwischen Herkunfts- und Ankunftsregion noch keine ausreichende Erklärung für das Wanderungsverhalten (Stark 1984: 214–220).

Obschon in Kritik an der neoklassischen Auffassung von Märkten und individuellen Akteuren entstanden, konzentriert sich freilich auch die »Neue Ökonomie der Arbeitsmigration« auf eine ökonomische Perspektive und auf die Frage nach dem *Warum* von Migration. Die wirtschaftlichen Bedingungen in den Herkunfts- und Ankunftsregionen (z.B. Lohndifferenziale, Arbeitsmarktnachfrage und -zugang), aber auch Haushaltsstrategien der Risikodiversifizierung, relative Deprivation und asymmetrische Informationsverteilung beeinflussen danach die Entscheidungen zu internationaler Migration. Eine Erweiterung des hier vorgestellten ökonomischen Erklärungsansatzes stellt die Rational-Choice-Theorie internationaler Migration dar.

(Individualistische) Wert-Erwartungs-Theorie

Bei seiner Entscheidung, nach Köln zu gehen, hatte Yilmaz nicht nur den – für türkische Verhältnisse verlockend hohen – Lohn bei Ford im Blick. Er wusste aus den Erzählungen von Bekannten und Verwandten, dass auch die Lebenshaltungskosten in Deutschland relativ höher sein würden, auch wenn er noch so sparsam und bescheiden lebte. Yilmaz wollte nicht nur sein Einkommen maximieren, die Quellen des Haushaltseinkommens diversifizieren und (mindestens) genauso viel verdienen wie sein ehemaliger Schulkollege Faruk, der bereits seit einem Jahr bei Ford in Köln beschäftigt war und in seinem Urlaub im Dorf ›den reichen Onkel gespielt hatte‹ – obwohl er doch in der Schule immer viel schlechter gestanden hatte als Yilmaz. Yilmaz wollte seine Ersparnisse nicht für prätentiöse Geschenke ausgeben, sondern für die Bewässerung seiner Ländereien und die Mechanisierung der Feldbestellung – damit würde er nicht nur sich selbst den Traum von einem glücklichen Leben erfüllen, sondern auch die Erwartungen seiner Eltern an einer Fortführung des traditionsreichen Familienbetriebes. Wenn alles gut ging, könnte er in etwa drei Jahren mit dem angesparten Geld seinen landwirtschaftlichen Betrieb modernisieren.

Während die »Neue Ökonomie der Arbeitsmigration« vorwiegend wirtschaftswissenschaftlich ausgerichtet ist, handelt es sich bei der Rational-Choice-Theorie internationaler Migration um einen auch in der Soziologie etablierten Ansatz. Wie die »Neue Ökonomie der Arbeitsmigration« geht er primär vom handelnden Individuum aus und stellt die Migrationsentscheidungen in den Mittelpunkt der Erklärungsbemühungen. Im Unterschied zur oben dargestellten Perspektive aber fokussiert der *rational-choice-approach* auf individuelle Akteure, die nicht nur als *homines oeconomici* gedacht werden.

In Deutschland hat vor allem Hartmut Esser diese Überlegungen unter dem Stichwort Wert-Erwartungs-Theorie für die Erklärung internationaler Migration entwickelt. Diese geht grundsätzlich davon aus, dass ein individueller Akteur unter mehreren Handlungsalternativen diejenige auswählt und umzusetzen versucht, bei der er den wahrscheinlich größten Nutzen realisieren kann. Die Wert-Erwartungs-Theorie kombiniert also, wie der Name bereits andeutet, den individuellen Nutzen einer Handlungsalternative mit der Erwartungswahrscheinlichkeit, diesen Nutzen auch tatsächlich realisieren zu können. Mathematisch ausgedrückt berechnet ein Akteur für alle jeweils in Frage stehenden Handlungsalternativen die Produktsummen aus dem ökonomischen, sozialen und psychischen Nutzen und der diesen Nutzenaspekten jeweils korrespondierenden Eintrittswahrscheinlichkeiten und subtrahiert von diesen Produktsummen die den einzelnen Alternativen korrespondierenden Kosten. Er wählt dann rational die Handlungsoption mit der für ihn besten Nutzen-Kosten-Relation (vgl. Esser 1980). Entsprechend werden Migrationsentscheidungen als Ergebnis rationaler Kalküle verstanden, die nicht auf vollständigen Informationen beruhen müssen (wie dies ja von der neoklassischen ökonomischen Theorie unterstellt wird), sondern auf subjektiven Wahrscheinlichkeitszuweisungen durch den Entscheider aufbauen.

In unserem Beispiel sind für Yilmaz nicht nur ökonomische Nutzenerwägungen (eine Einkommensmaximierung) relevant. Mit seiner Entscheidung, bei Ford-Köln zu arbeiten, verfolgt er auch einen sozialen und psychischen Nutzen. So geht es ihm darum, mit seinem ehemaligen Schulkollegen Faruk in der dörflichen Sozialordnung wieder ›gleichziehen‹ zu können. Gleichzeitig will er eine auf längere Sicht angelegte Modernisierung seines landwirtschaftlichen Betriebes erreichen, die ihm neben wirtschaftlicher Sicherheit auch soziale Anerkennung und psychische Zufriedenheit bringen soll. Allerdings ist der Erfolg dieser langfristigen Strategie nicht gesichert, sondern nur mit einiger Wahrscheinlichkeit anzunehmen.[5]

Yilmaz' Beispiel zeigt, dass die Wert-Erwartungs-Theorie und der ihr zu Grunde liegende Rational-Choice-Ansatz eine große Fülle von Faktoren berücksichtigen können. Diese Einflussvariablen von Migrationsentscheidungen werden nicht von dem wissenschaftlichen Beobachter in eine Rangfolge gestellt, sondern von den entscheidenden Akteuren selbst nach ihrer relativen Bedeutung und nach der von ihnen erwarteten Eintrittswahrscheinlichkeit gewichtet. Dabei werden von den beteiligten Akteuren mehrere Handlungsoptionen ›durchgerechnet‹ und gegeneinander abgewogen. Die Entscheidung zu internationaler Migration ist weitreichend und mit großen Chancen und Risiken verbunden. Deshalb kalkulieren potenzielle Migranten – so die Wert-Erwartungs-Theorie – die wichtigsten Handlungsalternativen sehr gründlich durch und entscheiden sich dann für die optimale Produktsumme aus Eintrittswahrscheinlichkeiten und relativen Nutzenwerten.

Gegen diesen Erklärungsansatz internationaler Arbeitsmigration wurden verschiedene Einwände erhoben. Was in der Theorie als ein elegantes und unbegrenzt flexibles Modell zur Erklärung komplexer Entscheidungssituationen erscheint, erweist sich in der Alltagspraxis als mit Analysevariablen überfrachtetes und daher weitgehend unbrauchbares Modell von Nutzenarten, -gewichtungen, Eintrittswahrscheinlichkeiten und Kalkülen (Nauck 1988). Wer sich vor Augen hält, wie im eigenen Leben weitreichende Entscheidungen wie z.B. Berufswahl, Wohnortwechsel oder vielleicht auch internationale Arbeitsmigration vorbereitet und getroffen werden, stellt sicherlich fest, dass dabei weit weniger methodisch vorgegangen wird, als wir es Yilmaz in der Veranschaulichung des Rational-Choice-Ansatzes in Anmerkung 5 unterstellt haben. Unweigerlich wird man sich auch fragen, nach welchen Kriterien unterschiedliche (ökonomische, soziale, psychische etc.) Nutzenarten voneinander unterschieden und wie Eintrittswahrscheinlichkeiten und die individuelle relative Gewichtung einzelner Nutzenarten bestimmt werden können. Diese Fragen und die durch sie adressierten theoretischen Probleme markieren die Grenzen des Wert-Erwartungs-Modells für die Erklärung von Alltagshandeln.

Eng mit diesem kritischen Einwand hängt der Hinweis zusammen, die Wert-Erwartungs-Theorie fuße ausschließlich auf dem methodologischen Individualismus, der Annahme also, alle gesellschaftlichen Phänomene ließen sich letztlich auf Aussagen über das Verhalten einzelner Menschen zurückführen. Dagegen lässt sich einwenden, dass soziale Gruppen und größere Vergesellschaftungszusammenhänge wie Nationalgesellschaften mehr sind als bloß die Summe autonomer Individuen. In unserem Beispiel verweisen die Lebensorientierungen Yilmaz', seine Vorstellungen von einem glücklichen Leben und von der bäuerlichen Familientradition auf geteilte traditionale, kollektive Handlungsorientierungen, die in den Rahmen gesellschaftstheoretischer Erklärungsmodelle gestellt werden müssen, weil sie weit über individuelle Nutzenerwägungen hinausgehen. Letztere aber standen und stehen im Zentrum der an *Rational-Choice* orientierten Erklärungen internationaler Arbeitsmigration. Überspitzt könnte man die Kernhypothese der Wert-Erwartungs-Theorie in Bezug auf internationale Migration auf die Aussage reduzieren: Individuen entscheiden sich dann für eine grenzüberschreitende Arbeitsmigration, wenn sie es für richtig halten.[6] Ein im deutschen Sprachraum bedeutsamer Versuch, die Ebene individuellen Migrationshandelns mit der gesamtgesellschaftlicher Makrostrukturen theoretisch zu verknüpfen, wird im folgenden Abschnitt behandelt.

Mikro-Makro-Ansatz struktureller/anomischer Spannungen

Sedef hatte für viele Jahre relativ zufrieden in ihrem Geburtsdorf gelebt und dort zusammen mit ihrem Mann das von seinen Eltern überlassene Land bearbeitet. Über die Zukunft ihrer fünf Kinder hatte sie sich lange Zeit weder viele Gedanken noch Sorgen gemacht. Doch seitdem mehrere ihrer ehemaligen Schulkolleginnen als Arbeitsmigrantinnen in Deutschland lebten, regelmäßig Geld an ihre Familien überwiesen und sich über Kopftuchtragen und Männervorherrschaft beschwerten, war die Welt für Sedef nicht mehr in Ordnung. Sie wurde immer unruhiger und unzufriedener und begann zu überlegen, ob sie nicht selbst auch den Schritt der Arbeitsmigration nach Deutschland tun sollte, anstatt im Dorf ›zu versauern‹.

Die Schilderung macht deutlich, dass es nicht immer nur individuelle Nutzenerwägungen sind, die einer Migrationsentscheidung zu Grunde liegen. Akteure sind immer in größere soziale Zusammenhänge eingebunden, innerhalb derer strukturiert wird, was ›normal‹ und legitim ist. Mit seiner *Theorie struktureller und anomischer Spannungen* legte Hans-Joachim Hoffmann-Nowotny (1970) einen – am parsonschen Strukturfunktionalismus orientierten – Ansatz zur Untersuchung der Voraussetzungen und Folgen von internationalen Migrationsprozessen vor. Die gesellschaftstheoretischen Annahmen dieses Ansatzes seien hier kurz skizziert: Mitglieder einer Gesellschaft erfahren strukturelle Spannungen, wenn sie das Verhältnis von Macht und Prestige für sich nicht als ausgeglichen erleben. Dabei wird Macht als der Grad verstanden, zu dem ein Anspruch auf Teilhabe an zentralen geteilten sozialen Werten (z.B. Reichtum, Ansehen etc.) auch tatsächlich durchgesetzt werden kann. Prestige ist dagegen für Hoffmann-Nowotny der Legitimitätsgrad dieses Anspruchs auf Teilhabe.

Bei individuellen Akteuren entstehen *strukturelle Spannungen* nun immer dann, wenn Prestige und Macht nicht in Deckung gebracht werden können.[7] Wenn z.B. ein qualifizierter Arbeiter den gesellschaftlich – also in der Selbst- und Fremdwahrnehmung – als legitim angesehenen Anspruch auf ein bestimmtes Einkommensniveau (Prestige) nicht auch real umsetzen kann (Macht), dann gerät er wegen der nicht ausgeglichenen Macht-Prestige-Relation in strukturelle Spannungen. Diese wiederum drängen auf der Akteursebene auf Ausgleich – entweder durch Absenken des Prestige- bzw. Erwartungsniveaus oder mittels der Durchsetzung des als legitim empfundenen Anspruchs. Können strukturelle Spannungen aufgrund unausgeglichener Macht-Prestige-Verhältnisse bei den Akteuren auf Dauer nicht abgebaut werden, so entstehen *anomische Spannungen*.

Internationale Migration wird in dieser Perspektive als eine *Form von Spannungstransfer* interpretiert. Durch verbesserte Einkommensverhältnisse *und* seine im Rahmen von Arbeitsmigration erworbenen neuen sozialen Kenntnisse kann Yilmaz eine veränderte Position in seiner Herkunftsgemeinde einnehmen, die seinem Bedürfnis nach Prestige besser entspricht. Der Referenzrahmen seiner sozialen Positionierung und Selbstverortung bleibt (zunächst) seine Herkunftsgemeinde. Was vor der Migration als anomische Spannung erschien (die Unmöglichkeit, Prestige und Macht im dörflichen Kontext in Übereinstimmung zu bringen), wird durch den Arbeits- und Landeswechsel in eine doppelte strukturelle Spannung (Macht-Prestige-Relationen in der Herkunfts- und Ankunftsregion) transformiert, die Yilmaz in seinem Dorf neue Chancen eröffnet. Ähnlich treiben strukturelle Prestige-Macht-Spannungen auch Sedef in den Migrationsprozess.

In der kritischen Diskussion dieses Ansatzes wurde zu Recht auf ein »missing link« zwischen seinen mikrosoziologischen und seinen makrosoziologischen Annahmen hingewiesen (vgl. Nauck 1988; Faist 1999). Ähnlich wie bei der Wert-Erwartungs-Theorie klafft auch bei diesem Ansatz eine Lücke zwischen dem beobachtbaren Migrationsverhalten und den unterstellten ›geteilten sozialen Werten‹. Sehr vereinfachend könnte man die Grundüberlegung der Theorie struktureller und anomischer Spannungen so formulieren: Die Menschen wandern dann, wenn sie mit ihrer Lebenssituation nicht mehr zufrieden sind und diese Unzufriedenheit ein gewisses, aktivitätsauslösendes Ausmaß erreicht hat. Aber warum wandern so viele mit ihrer Lebenssituation unzufriedene Menschen *nicht*? Warum wählen einige Akteure die Handlungsoption der internationalen Arbeitsmigration, andere dagegen alternative Strategien, ihre Lebensumstände zu verbessern und/oder Erwartungen und Durchsetzungsgrad sozialer Teilhabe in Einklang zu bringen? Können sich nicht auch Menschen in internationale Migrationsprozesse integrieren, die nicht von anomischen Spannungen getrieben werden? Welchen Einfluss haben transnational tätige Organisationen und Systeme politisch-rechtlicher Regulierung von Wanderungsprozessen? Die letzte Frage lenkt den Blick von der Ebene individueller Akteursentscheidungen auf die der systemischen und strukturellen Voraussetzungen internationaler Migration.

Struktur- und systemorientierte Perspektiven internationaler Migration

Die Ford-Werke in Köln erlebten während der fünfziger Jahre eine enorme Expansion. Es wurde immer schwieriger, überhaupt noch geeignete Arbeitskräfte für die unqualifizierte Bandmontagearbeit zu finden. Deshalb unterstützte das Unternehmen nachhaltig die Bemühungen der Arbeitgeberverbände, die Bundesregierung zu einem Arbeitskräfteabkommen mit der

Türkei zu bewegen. Nach dessen Unterzeichnung 1961 wurden Rekrutierungsbüros in vielen größeren türkischen Städten eingerichtet. Bekannte von Yilmaz hatten sich dort schon früh mit einer einjährigen Arbeitserlaubnis anwerben lassen. Als Yilmaz 1970 über Bekannte von der Möglichkeit eines Anwerbestopps für »Gastarbeiter« in Deutschland hörte, entschied er sich 1971 spontan, wenigstens für ein Jahr sein Glück bei Ford-Köln zu versuchen. Durch das steigende Volumen regelmäßiger Geldüberweisungen von Arbeitsmigranten an ihre Familien waren die Preise für Land und andere lokale Investitionsgüter spürbar angestiegen, sodass Yilmaz den Traum von einem Ausbau seines bäuerlichen Betriebes allein aus den landwirtschaftlichen Erträgen schon vorher aufgegeben hatte – vielleicht könnte die Arbeitsmigration ihm helfen, die notwendigen Investitionsmittel anzusparen.

Während die bisher besprochenen Erklärungsansätze vorrangig auf die Untersuchung individuellen Migrationsverhaltens abzielen, werden hier und im folgenden Abschnitt Theoriemodelle vorgestellt, die internationale Migration in erster Linie auf makrostruktureller und systemischer Ebene analysieren. In unserem Eingangsbeispiel wird die massenhafte Migration türkischer Arbeiter mit den wirtschaftlichen Nachfragestrukturen in Deutschland in Zusammenhang gebracht. Auch Yilmaz trifft seine Entscheidung vor dem Hintergrund eines deutsch-türkischen Migrationssystems (aus bilateralen Rechten und Normen sowie transnationalen Praktiken). Es sind vor allem die durch diese wirtschaftlichen, politischen und rechtlichen Strukturen gesetzten Rahmenbedingungen, die das Ausmaß, die Form und die Folgewirkungen internationaler Migration vorbestimmen.

Ein wichtiger Ansatz in diesem Zusammenhang ist die Weltsystem-Theorie. Ihr zufolge sind Regionen und Nationalstaaten schon seit Jahrhunderten in ein komplexes weltweites System internationaler Arbeitsteilung und Machtstrukturen eingebunden. Die Migrationsströme zwischen zwei Ländern erklären sich weder auf der Ebene individueller nutzenmaximierender Akteure noch als Ergebnis des Ausgleichs ›anomischer Spannungen‹. Vielmehr sind sie aus der Funktion der jeweiligen Länder im *modernen kapitalistischen Weltsystem* (Wallerstein 1986) zu erklären. Im Zusammenhang damit werden auch die internationalen Migrationsströme aus den Funktionserfordernissen des Wachstums und

Wandels des kapitalistischen Weltsystems erklärt. Dessen Ausdehnung seit dem 16. Jahrhundert bewirkte beachtliche Migrationsströme qualifizierter Verwaltungsbeamter und Handwerker in die sogenannten Ausbeutungskolonien und der verarmten Landbevölkerung sowie einfacher Handwerker in die sogenannten Siedlungskolonien. Später erzeugte die ›ursprüngliche Akkumulation‹ des Kapitalismus – die durch die Ausbeutung der Kolonien ihre besondere Qualität erst gewann – eine immense ›Surplus-Bevölkerung‹, die z.B. die Massenemigration von England nach Nordamerika erklärt. Nicht zufällig fiel der Höhepunkt deutscher Emigration in die USA in die Zeit des aufkommenden Industriekapitalismus Ende des 19. und Anfang des 20. Jahrhunderts. Die mexikanische Arbeitsmigration in die USA am Ende des 20. Jahrhunderts wiederum ist zu einem großen Teil der Tatsache geschuldet, dass das US-amerikanische Agrobusiness-System ohne diese billigen und flexibel einsetzbaren Wanderarbeiter überhaupt nicht existieren könnte.[8]

Der Ansatz der Weltsystemtheorie, internationale Arbeitsmigration im Kontext transnational strukturierter und segmentierter Arbeitsmärkte zu analysieren, betrifft noch einen weiteren Aspekt. Danach begünstigt die globale Ausdehnung der kapitalistisch-industriellen Wirtschaftsweise in den weniger industrialisierten Ländern des Südens die Freisetzung von Menschen aus der traditionellen subsistenzwirtschaftlichen Produktion und damit ihre Migration zunächst in die Städte und dann in die reicheren Industrieländer. Die »Entwicklung der Unterentwicklung« (Frank 1969) in den Ländern der Dritten Welt hängt auf diese Weise unmittelbar mit der Prosperität der Ersten Welt zusammen. Die Land-Stadt-Migration und die grenzüberschreitende Süd-Nord-Migration von Menschen, die aus ihren traditionellen Wirtschaftsweisen ›doppelt befreit‹ sind, werden als Mechanismus interpretiert, der »die Bewohner der Dritten Welt durch vielfältige Formen der Zwangsarbeit unter das System kapitalistischer Warenproduktion subsumiert« (Stuckey/Fay 1980: 163; vgl. auch Harbach 1976).

Eine spezifischer auf internationale Arbeitsmigration fokussierte Forschungslinie ergibt sich aus der Verknüpfung von Weltsystemtheorie und sozialwissenschaftlicher Arbeitsmarktforschung, hier vor allem der Segmentationstheorie. Schon sehr früh wurde die Erklärungskraft der neoklassischen Marktannahmen für die Analyse von Erwerbsmobilität in den hochindustrialisierten Ländern Nordamerikas und Nordwesteuropas in Frage gestellt (Reynolds 1949; Kerr 1954). Der Segmentationstheorie zufolge ist in hochindustrialisierten Ländern die Mobilität von Arbeitskräften stark durch die Abschottung bestimmter Arbeitsmarktsegmente eingeschränkt. In großen Unternehmen werden z.B. vakante Arbeitsplätze nicht extern, sondern durch genau regulierte betriebsinterne Besetzungsverfahren und Aufstiegsrouten besetzt. Solche betriebsinternen oder primären Arbeitsmarktsegmente gehen für die Beschäftigten mit relativ geschützten und privilegierten Arbeitsbedingungen einher. Über den sekundären Arbeitsmarkt dagegen rekrutieren vorwiegend Unternehmen, die sich in einer wirtschaftlich prekären Lage befinden und/oder als Flexibilitätspuffer des primären, häufig oligopolistischen Sektors benutzt werden; entsprechend wird der sekundäre Arbeitsmarkt von niedrig qualifizierten Arbeitskräften in ungeschützten, instabilen Arbeits- und Beschäftigungsbedingungen dominiert (Doeringer/Piore 1971; Lutz 1987).

Ähnlich segmentierte Arbeitsmarktstrukturen bestehen in den weniger industrialisierten Ländern zwischen dem sogenannten formellen und dem sogenannten informellen Sektor der Wirtschaft. Weder in den hoch industrialisierten Ländern noch in den weniger industrialisierten Ländern muss sich deshalb ein Arbeitsmarktgleichgewicht einstellen, wie es die neoklassische Theorie unter den Bedingungen vollständiger Konkurrenz voraussagt. Arbeitskräfteprobleme im sekundären Arbeitsmarktsegment hoch industrialisierter Länder müssen z.B. nicht unbedingt zu höheren Löhnen führen (die unter Umständen auch Rückwirkungen auf die Lohnrelationen zum primären Arbeitsmarktsegment hätten). Sie können auch durch die befristete Anwerbung von Arbeitsmigranten aus anderen Ländern beantwortet werden (vgl. Piore 1979; Papademetriou/Martin 1991; OECD 1996; vgl. die Beiträge in Fijalkowski 1990 und Seifert 1995a sowie viele Beiträge in Seifert 1995b). Dies findet regelmäßig z.B. bei saisonalen Ernteeinsätzen mexikanischer Erdbeerpflücker in Kalifornien oder von polnischen Weinlesern und Spargelstechern in Deutschland statt.

Neben den bisher vorgestellten marxistischen Ansätzen interessieren sich auch der Strukturfunktionalismus und die

Systemtheorie für die strukturellen oder systemischen Hintergründe für Migration. Einen vielbeachteten Ansatz in der Perspektive klassisch strukturfunktionaler Theorie entwickelte Akin Ladipo Mabogunje (1970). Er unterscheidet vier Sets von Umweltbedingungen (wirtschaftliche Bedingungen, Wohlfahrtsstaat, Transport- und Kommunikationsinfrastruktur und Regierungspolitiken etc.), innerhalb derer jeweils ländliche und urbane Subsysteme, Migrationskanäle sowie positive und negative Rückkoppelungskanäle miteinander interagieren. Innovative neuere Forschungen, die teilweise eng an diesen Ansatz anschließen, werden weiter unten im Kapitel »Neue Ansätze in der Forschung über internationale Migration« vorgestellt. An dieser Stelle soll abschließend noch auf eine jüngere systemtheoretische Analyse internationaler Migration hingewiesen werden.[9]

Ausgehend von der Weltgesellschaft als Bezugseinheit soziologischer Reflexion konzipiert Michael Bommes (1999: 14) »Migration in der modernen Gesellschaft [...] als eine Form der geographischen Mobilität zur Realisierung von Inklusionschancen in Funktionssysteme und ihre Organisationen«. Internationale Arbeitsmigranten suchen demnach vor allem den Zugang zum Funktionssystem Ökonomie, was seinerseits erhöhte Inklusionschancen in andere Funktionssysteme wie dem Recht und der Erziehung zur Folge hat. Entscheidend ist nun, dass der Zugang zu diesen Funktionssystemen über den »politischen Filter« der modernen nationalen Wohlfahrtsstaaten geregelt ist, deren Souveränität von ihrer »Kapazität der Kontrolle über ihre konstitutiven Bestandteile Territorium und Bevölkerung« (ebd.: 30) abhängt. Auf der Basis dieser systemtheoretischen Annahmen reformuliert Bommes wichtige Formen und Strukturprobleme internationaler Migration. Angesichts des auch von Bommes (ebd.: Kapitel 1) beklagten Theoriedefizits in der deutschen Migrationssoziologie und ihrer Selbstbeschränkung auf die Themen der »Integration« und »Ungleichheit« handelt es sich hier um einen interessanten Erweiterungsvorschlag. Dieser ist aber – wie der Autor (ebd.: 18) selbst hervorhebt – zunächst nur ein »Entwurf, der in weiteren empirischen Forschungen zu bewähren sein wird«.

Demographische und geographische ›Gesetzmäßigkeiten‹

Faruk hätte gerne den elterlichen Bauernhof in Anatolien übernommen, doch bei insgesamt elf Geschwistern sah er als Drittjüngster kaum eine Chance, von der Landwirtschaft zu leben, selbst wenn ihn seine Eltern mit etwas Land bedenken würden. Da es im Dorf selbst keine Erwerbsgelegenheit für ihn gab, nahm er eine Hilfsarbeit bei einer kleinen Baufirma in der Provinzstadt auf. Von dort verschlug es ihn in die Hauptstadt. Die vielen Jugendlichen aus den geburtenstarken Jahrgängen, die – weil ohne Arbeitserfahrung und Familienverpflichtungen – für einen relativ geringen Lohn in die Metallindustrie drängten, bedeuteten für Faruk eine immer drückendere Konkurrenz. Deshalb entschloss er sich, nach Köln zu gehen, um bei Ford zu arbeiten.

Migration in ihrer allgemeinsten Bestimmung als ›Bewegung von Menschen im Raum‹ hat zunächst einmal eine demographische und geographische Dimension. Deshalb ist es nicht verwunderlich, dass am Beginn systematischer Migrationsforschung das Werk eines Demographen und Kartographen steht. Der Brite Ernest G. Ravenstein (1834–1913) untersuchte die Binnenwanderung im Vereinigten Königreich und unterschied fünf Typen von Wanderern: lokale Wanderer, Nahwanderer, Etappenwanderer, Fernwanderer und temporäre Wanderer (1972: 43ff.). Ist schon diese Typologie wesentlich von der Raumdistanz bestimmt, die ein Migrant überwindet, so wird jener Aspekt für die von Ravenstein aufgestellten *Gesetze der Wanderung* (ebd.: 51f.) noch bedeutsamer, besagen sie doch, dass die Häufigkeit von Wanderungsbewegungen mit zunehmender Raumdistanz abnimmt.

Vaughan Robinson zufolge ging es einem Großteil geographischer Migrationsforschung vor allem um eines: »to extend Ravenstein's ideas on distance decay rather than challenge them« (1996: xvi; vgl. auch Tobler 1995). Dabei war lange Zeit der Anspruch vorherrschend, in einer Art ›Sozialphysik‹ feste Gesetzmäßigkeiten menschlichen Wanderungsverhaltens zu entdecken. Eine solch naiv-positivistische Vorstellung wird heute kaum noch vertreten. Inzwischen weiß die geographisch orientierte Migrationsforschung, dass Wanderungsmuster auch nach Geschlecht, Alter, sozialer Klasse, Ethnizität, Lebens- und Wirtschaftszyklen und dem politisch-rechtlichen *setting* variieren. Robinson resümiert selbstkritisch: »Geographers have until recently been obsessed with precise measurement, numbers, and sophisticated statistical techniques, traits not unassociated with the discipline's inferiority complex and yearning for respect amongst the hard sciences. [...] The links between migration and social change and social theory have thus been particularly neglected or superficially treated, and the structuralist analysis of migration by geographers is also shamefully weakly developed« (ebd.: xxiv).

Wenn Geographen sich einer soziologischen Perspektive nähern, so wäre die Soziologie gut beraten, im Gegenzug von der geographischen (und demographischen) Migrationsforschung zu lernen. Dies würde z.B. bedeuten, nicht nur gesellschaftstheoretische Modelle zu entwickeln und zu verfeinern, sondern auch Modelle ›mittlerer Reichweite‹ (etwa über Zusammenhänge zwischen dem Umfang von Migrationsflüssen, den korrespondierenden Migrationsformen, den ökonomisch-politischen Rahmenbedingungen und sozial relevanten Migranten-Charakteristika). Die soziologische Migrationsforschung sollte zudem lernen, Grundstrukturen von Migrationsprozessen anhand von massenstatistischen Daten zu analysieren, um Fallstudien und Einzelergebnisse systematischer einordnen zu können (vgl. Münz et al. 1997). Auch wenn Migrationsprozesse in hohem Maße vom Handeln individueller und kollektiver Akteure bestimmt sind, so vollziehen sie sich doch in strukturellen Zusammenhängen. Diese treten den Akteuren – ob einzelnen Migranten, Familien, Dorfgemeinden oder Nationalstaaten – häufig als ›objektive Tatsachen‹ gegenüber, auch wenn sie in aller Regel sedimentierte Ergebnisse vorheriger Handlungsprozesse sind (wie z.B. der Altersaufbau oder die Qualifikationsstruktur einer Bevölkerungsgruppe oder Nationalgesellschaft).[10]

Diese prägende Kraft ›objektiver Tatsachen‹ zeigt sich etwa an der hohen geographisch-räumlichen Konzentration versuchter undokumentierter Grenzübertritte von Afrikanern nach Spanien über die Straße von Gibraltar (wo sich Europa und Afrika bei gutem Wetter bis auf Sichtweite nahe sind) oder von Mexikanern in die USA an der über 3000 km langen gemeinsamen Grenze. Hier hat das ravensteinsche Gesetz der inversen Beziehung zwischen Migrationshäufigkeit und -distanz noch heute eine gewisse Erklärungskraft. Dass die Geschichte den gegenwärtig Handelnden als geformte Struktur, als eine Art ›objektiver Tatsache‹ entgegentritt, lässt sich sehr deutlich am Zusammenhang von Migrationsströmen und Kolonialgeschichte zeigen. Besonders deutlich wird die Prägekraft dieser Strukturbildung gegenwärtig in Bezug auf den Zusammenhang von Demographie, Migration und sozialem Wandel (vgl. Meadows 2000). Die politischen Diskussionen um Zuwanderung, Renten- und Gesundheitsreform oder Altenbetreuung in der Dienstleistungsgesellschaft haben in Deutschland durch die im Wandel begriffene Altersstruktur der Bevölkerung völlig neue Impulse erhalten.

Michael S. Teitelbaum und Jay Winter (1998) zeigen, dass in den 1990er Jahren in Europa und Nordamerika demographische Entwicklungen (niedrige Fertilitätsraten und Alterung der Bevölkerungen) und starke Migrationsströme (durch den Zusammenbruch des realen Sozialismus bedingte Ost-West-Wanderungen, durch interethnische und internationale Konflikte verursachte Fluchtmigration, durch Wirtschaftskrise und Verelendung induzierte Süd-Nord-Wanderung) auf sehr direkte Weise mit Politiken nationaler Identität verschränkt waren. Jeder dieser drei Faktoren (Demographie, Migration, Politik) folgte eigenen Entwicklungslogiken und stand gleichzeitig in einem Wechselwirkungsverhältnis zu den jeweils anderen Größen. Der Titel der Studie »A Question of Numbers« macht programmatisch deutlich, dass Migrationsdynamiken auch durch ›objektive Tatsachen‹ wie Bevölkerungszahlen strukturiert werden. Man muss nicht so weit gehen, Migration nur noch als Bevölkerungsnettofluss zu fassen.[11] Aber eine Berücksichtigung demographischer und geographischer Perspektiven auf ›objektive‹ Strukturzusammenhänge ist für die soziologische Migrationstheorie von zentraler Bedeutung – in dieser Beziehung ist der schon klassische Aufsatz von Everett S. Lee (1966) immer noch ein guter Ausgangspunkt, und auch Douglas S. Massey et al. (1998) bemühen sich darum, allgemeine Erkenntnisse über die Wirkungsmechanismen internationaler Migration zu formulieren.

Handlungsorientierte, interpretative Ansätze

Sowohl ihre Eltern als auch Bekannte mit Migrationserfahrungen hatten Yasemin eigentlich abgeraten, nach Deutschland zu gehen. Zu viele der zurückgekehrten Arbeitsmigranten hatten von dem teuren Leben in Köln berichtet, und ihre sozial-kulturellen Probleme bei der Rückkehr in ihr Dorf waren offensichtlich. Aber Yasemin wollte heraus aus der Enge der Vier-Generationenfamilie, sie wollte Freiheit und Unabhängigkeit. Sie kannte Deutschland aus Büchern und Fernsehberichten, ihr kam es wie ein geordnetes, sicheres und reiches Land vor, in dem junge Leute frei sein konnten und nicht bis zur Hochzeit oder noch länger bei ihren Eltern leben mussten. Nach vielen Konflikten mit dem Elternhaus ging sie nach Köln, wo sie zunächst bei einem Onkel unterkam; aber für sie war klar, dass sie unabhängig sein und sich ihr eigenes Leben aufbauen wollte.

Im Gegensatz zu den im letzten Abschnitt besprochenen geht es handlungsorientierten und interpretativen Ansätzen darum, Migrationsprozesse von den handelnden Subjekten her zu verstehen und nicht aus dem Wirken ›objektiver Faktoren‹ oder Strukturgesetze zu erklären. Geographische Raumdistanzen mögen wichtig sein, aber wichtiger als die *spatial maps* sind für diese Forschungsrichtung die *mental maps*, also die subjektiven Landkarten, die als erfahrungsbasierte soziale Orientierungsraster und Imaginationen das Handeln von (potenziellen) Migranten beeinflussen. Als Konsequenz dieser Orientierung wenden sich diese Ansätze gegen die Zentralstellung der Rationalitätsannahme bei Migrationsentscheidungen. Vielmehr gehen sie davon aus, dass solche Entscheidungen nur in sehr begrenztem Ausmaß als Ergebnis von Nutzen- und Wahrscheinlichkeitsabwägungen zu verstehen sind.

Den Handelnden fehlen hierfür nicht nur Informationen, sie haben auch ihre eigenen Präferenzen nicht vollständig expliziert. Da sich zudem die Eintrittswahrscheinlichkeiten möglicher Optionen und Szenarien nicht hinreichend kalkulieren lassen und sich diese Wahrscheinlichkeiten im Zeitverlauf selbst in starkem Maße verändern können, liegt allen Migrationsentscheidungen (wie Handlungsentscheidungen insgesamt) eine *bounded rationality* zu Grunde. Entscheidungen darüber, den Wohnort dauerhaft zu wechseln und das Herkunftsland zu verlassen, fallen vor dem Hintergrund von *kognitiven Vermessungen* und *Landkarten (cognitive maps)*, die den Handlungsraum (*action space*) und den Horizont des Kenntnisraumes (*awareness space*) der beteiligten sozialen Akteure markieren. Diese Vermessungen und die daraus resultierenden imaginären Topographien müssen als kollektive, iterative und interpretative Prozesse verstanden werden.

Die hier angedeuteten Verknüpfungen unterschiedlicher Raumkonzepte (Flächenraum, sozialer Raum, kognitiver Raum) stammen bezeichnenderweise nicht aus der Soziologie, sondern aus der Sozialgeographie und der Sozialpsychologie (Cadwallader 1992: Kapitel 4). Sie ermöglichen es, die für die Migrationsforschung so wichtige Raumdimension auf mehreren Ebenen auszudifferenzieren. Auf dieser Basis können neue theoretische Annahmen formuliert und überprüft werden. So ließe sich z.B. in Bezug auf Ravensteins Annahme über das Verhältnis von Migrationshäufigkeit und räumlicher Distanz der behandelte Raum aufteilen in einen ›objektiv‹ messbaren geometrischen Flächenraum und einen ›subjektiv‹ erlebten und imaginierten Sozialraum. Hierdurch könnten Phänomene wie häufige Wanderungen über weite Entfernungen im Kontext enger transnationaler sozialer Räume besser erklärt werden (Pries 1996).

Zusammenfassend kann man sagen, dass handlungsorientierte und interpretative Ansätze den Vorteil besitzen, eine genuin soziologische Perspektive für die Behandlung der Frage »Wer wandert warum wie« zu entwickeln und nicht nur soziale und sozialpsychologische Aspekterweiterungen an neoklassische Modelle eines *homo oeconomicus* oder Rational-Choice-Konzepte eines *homo rationis* anzufügen. Wie meine eigenen Forschungen zeigen, ergeben sich besondere Migrationsdynamiken für alleinstehende Frauen in männerdominierten Sozialzusammenhängen (z.B. als Flucht vor ökonomischer und sozialer Diskriminierung) oder für Jugendliche im Sozialkontext von bereits traditioneller Wanderung der Elterngeneration (z.B. als eine Art Initiationsritus nach Verlassen der Schule). Diese Themen sind mit den weiter oben behandelten Ansätzen klassischer Migrationsforschung kaum angemessen zu bearbeiten.

Wie immer man im Einzelnen die bisher behandelten theoretischen Ansätze beurteilen mag, es dürfte deutlich geworden sein, dass ihr Fokus in erster Linie auf die Untersuchung der Voraussetzungen, Formen und Folgen von internationaler Migration als einer einmaligen und unidirektionalen (oder im Falle von Rückkehr-Migration: zweimaligen und bidirektionalen) Ortsveränderung von einer Nationalgesellschaft in eine andere gerichtet ist. Sowohl die Herkunfts- als auch die Ankunftsregionen bzw. -gesellschaften werden als jeweils ineinander verschachtelte ›Container‹ von Flächenraum und Sozialraum angesehen. Entsprechend gilt in dieser Perspektive das Hauptinteresse an Migration den sog. *Push*- und *Pull-Faktoren* als den Kräften, die den Wechsel von einem ›Behälterraum‹ in einen anderen ›Behälterraum‹ regulieren (vgl. die Übersicht 1).

Übersicht 1: Klassische Migrationsforschung

Forschungsthema: Voraussetzungen und Folgen des Entstehens internationaler Wanderungsströme

Theoretisch-konzeptionelle Ansätze:
- Neoklassische/Neue Ökonomie der Arbeitsmigration
- (Individualistische) Wert-Erwartungs-Theorie
- Mikro-Makro-Ansatz struktureller/anomischer Spannungen
- Struktur-/Systemtheoretische Perspektiven
- Demographische und geographische ›Gesetzmäßigkeiten‹
- Verhaltenstheorie/interpretativer Ansatz

Ankunftsregion		**Herkunftsregion**
Pull-Faktoren, aus Immigration resultierende ›soziale Probleme‹	←→	Push-Faktoren
Prozesse der Akkulturation, Integration, Assimilation, Marginalisierung, Entstehen ethnischer Minderheiten, ›Diasporas‹	Wirkungsmechanismen zwischen Herkunftsregion und Ankunftsregion	Effekte und Bilanzierung der Migration (*brain drain*, Geldüberweisungen etc.)
	←→	

Neue Ansätze in der Forschung zu internationaler Migration

Während die klassische Forschung Migration als uni- oder bidirektionalen Ortswechsel fasste, sind seit den 1980er Jahren enorme Erweiterungen und Verschiebungen der Fragestellungen erfolgt. In diesen jüngeren Ansätzen wird Migration nicht mehr nur als einmaliger unidirektionaler Ortswechsel, sondern auch als ein dauerhafter Zustand und damit als eine neue soziale Lebenswirklichkeit für eine wachsende Anzahl von Menschen begriffen. Die Leitfrage lautet hier nicht mehr »Warum migrieren so viele (oder so wenige) Menschen in welchen Formen?« und »Welche Folgewirkungen hat die Migration für die Herkunfts- und Ankunftsregionen?«, sondern: »Was hält die Migrationsströme aufrecht und gibt ihnen eine neue und eigene Qualität?« und »Welche neuen transnationalen sozialen Wirklichkeiten entstehen im Zusammenhang neuer internationaler Migrationsprozesse?« Während klassische Migrationsforschung in der Regel auf die Mikroebene (individueller Akteure oder Haushalte) *oder* die Makroebene (massenstatistischer Datenanalysen) und auf die Herkunftsregionen *oder* die Ankunftsregionen fokussiert war, konzentrieren sich neue Migrationsstudien auf ›Zwischenlagen‹, auf eine Meso-Analyseebene und auf Bewegungen und Sozialräume *zwischen* bzw. *oberhalb* der Herkunfts- und Ankunftsregion.

Diese neuen Ansätze internationaler Migrationsforschung können einerseits als Weiterentwicklungen älterer Frageperspektiven und andererseits als Deutungsversuche für neue Phänomene verstanden werden. Kennzeichnend ist dabei, internationale (Arbeits-)Migration als einen in Raum und Zeit kontinuierlichen sozialen Prozess zu verstehen. Nicht zufällig entstanden diese Ansätze in den letzten zwanzig Jahren vorwiegend in Nordamerika. Die USA sind nicht nur das klassische Einwanderungsland mit einer beachtlichen migrationssoziologischen Forschungstradition.[12] Die Wanderungsprozesse zwischen den USA und seinen südlichen Nachbarn (namentlich Mexiko und den Ländern der Karibik) zeigen – nicht zuletzt wegen der ›objektiven‹ Bedingungsfaktoren flächenräumlicher Nähe und historischer Verknüpfungen, also enger raum-zeitlicher Bindungen – die für neue Migrationsphänomene typischen Besonderheiten (vgl. Pries 1997a).

Übersicht 2: Neue Ansätze zur Erforschung internationaler Migration

Forschungsthema: (Verselbstständigungs-)Formen internationaler Migration und dadurch enstehende neue transnationale Wirklichkeiten

Theoretisch-konzeptionelle Ansätze:
- Migrationsnetzwerke und Migrationskreisläufe
- Neue Typologien internationaler Migration
- Kumulative Verursachung
- Internationale Migrationssysteme
- Globalisierung und internationale Migration
- Transnationalismus und Transmigration

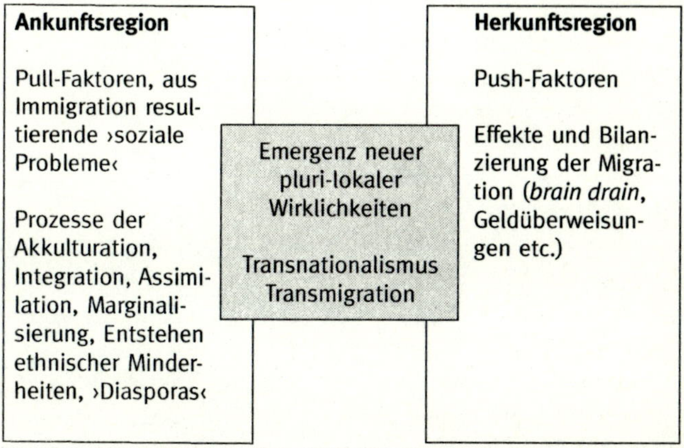

Im Zeitalter von Globalisierung und Transnationalisierung und im Falle Europas zusätzlich der Transformation der osteuropäischen Länder erweisen sich diese neueren Ansätze der Erforschung internationaler Migration auch außerhalb Nordamerikas als geeignete Analyseinstrumente. Die folgende Darstellung in sechs Abschnitten erhebt keinen Anspruch auf Vollständigkeit. Sie soll vielmehr den Horizont der aktuellen Migrationsforschung skizzieren und zur Weiterentwicklung der Theorien internationaler Migration einladen.

Migrationsnetzwerke und Migrationskreisläufe

Pedro ist zwanzig Jahre alt und arbeitet im Krämerladen seiner Eltern in Piaxtla, einem kleinen Dorf in der Mixteca Poblana/Mexiko. Sein Vater war schon in den vierziger Jahren im Rahmen des Bracero-Programms nach Kalifornien gegangen. Später soll Pedro das Geschäft von seinen Eltern übernehmen und dafür ihre Altersversorgung garantieren, aber vorher möchte er unbedingt noch andere Erfahrungen sammeln. Ein alter Schulfreund, der inzwischen in der Küche eines New Yorker Restaurants arbeitet, hat ihn eingeladen, doch wenigstens für ein Jahr dort zu arbeiten. Der Küchenchef ist einverstanden, für Unterkunft ist gesorgt. Pedro selbst kennt den pollero *aus dem Nachbardorf, der Interessierte ohne die notwendigen Arbeitsdokumente für etwa 800 US-Dollar über die Grenze und bis zum Bestimmungsort in den USA bringt. Trotz aller Unwägbarkeiten nimmt Pedro die Einladung seines Freundes an. Für ihn ist diese Migration persönliche Herausforderung, Bereicherung und ›Nervenkitzel‹ zugleich.*

Im Folgenden wird es um Studien gehen, die nicht mehr auf raum-zeitlich isolierte Push- und Pull-Faktoren als Gründe für internationale Migration fokussieren, sondern nach dem *Wie* der Wanderung und ihrer zeitlichen Sequenzierung fragen. Die Analyse von Migrationsverläufen und -mustern auf der individuellen und kollektiven Ebene (vor allem der Gemeinde) ist hierbei von besonderem Stellenwert. Die Analyse der Wanderungsprozesse von karibischen Staaten oder Mexiko in die USA hat gezeigt, dass die Mehrheit der Arbeitsmigranten die Ortswechsel im Rahmen ausdifferenzierter *Netzwerke* vornimmt und dass diese Arbeitsmigration in Form von *Kreisläufen* erfolgt (vgl. Chaney 1985; Grasmuck/Pessar 1991).

Sowohl in den Herkunfts- als auch in den Ankunftsregionen sind Migranten in ein mehr oder weniger engmaschiges Netz von *communities* eingewoben, die ihre eigene Migrationsgeschichte oder *trajectory* haben. Nicht Lohndifferenziale oder Absolutentfernungen sind für die konkreten Migrationsverläufe entscheidend, sondern die Beschaffenheit jener zwischen den Herkunfts- und Ankunftsregionen gespannten *Netzwerke* als auf Vertrauen und längerfristiger Berechenbarkeit beruhenden sozialen Interaktionsbeziehungen.[13]

Im Kontext dieser Migrationsnetzwerke treffen Individuen und Haushalte ihre Wanderungsentscheidungen, wird der Transport von Personen, Informationen und Gütern organisiert und beeinflussen sich wechselseitig die sozialkulturellen Symbolsysteme an den einzelnen Plätzen (z.B. die mentalen Landkarten, Sprache, Festtagsbräuche etc.). Migrationsnetzwerke versorgen Migranten mit Informationen. Sie verringern Risiken und Kosten von Wanderungsprozessen und machen einen positiven Nutzen kalkulierbar und wahrscheinlicher. Sie erleichtern auch Migration in Kreisläufen, weil ausdifferenzierte Kommunikations- und Transportstrukturen die Kosten und Risiken für Mehrfachbewegungen senken (Boyd 1989; Fawcett 1989; Portes/Sensenbrenner 1993; Wilpert 1992).

Familien bzw. Haushalte[14] und Gemeinden als soziale Einheiten strukturieren nicht nur die zeitliche und räumliche Dynamik der Wanderungsprozesse, sondern häufig auch die Tätigkeitsbereiche der Arbeitsmigranten in den Ankunftsregionen. Migration ist in aller Regel regionalräumlich sehr spezifisch; aus einer bestimmten Gemeinde wandern überdurchschnittlich viele Menschen in eine ganz bestimmte Region. Arbeitsmigration ist häufig auch wirtschaftssektoral und berufsspezifisch selektiv; Migranten aus bestimmten Herkunftsgemeinden konzentrieren sich in bestimmten Tätigkeitsbereichen. Solche *branch communities* wurden vielfältig nachgewiesen und untersucht (Durand/Massey 1992; Hernández-León/Zúniga 2000). Migranten aus agrarischen Herkunftskontexten konzentrieren sich z.B. häufig in (meistens saisonalen) landwirtschaftlichen Tätigkeiten, im Bausektor und im Bereich privater Gartenarbeiten; Migrantinnen bestimmter Herkunftsgemeinden konzentrieren sich in der Konfektionsarbeit der *sweatshops* New Yorks; polnische Migranten dominieren die saisonalen Erntearbeiten im deutschen Wein- oder Spargelanbau.

Die *Gemeinde* als sozial- und flächenräumliche Einheit ist hierbei von besonderer Bedeutung. Die Notwendigkeit anthropologischer Fallstudien auf Gemeindeebene sowohl in der Ankunfts- als auch in der Herkunftsregion wurde in den USA schon in den 1970er Jahren erkannt. Durand/Massey (1992: 14f.) präsentieren einen interessanten Überblick von über zwanzig auf Gemeindeuntersuchungen basierenden Migrationsstudien. Worin liegen deren Vorzüge gegenüber individuellen Fallstudien, standardisierten Umfragen und statistischen Analysen von Massendaten? »First, processes of migration are developmental and longitudinal, and surveys taken at a single point in time cannot capture this inherent dynamism. Second, migration is more than an individual or family decision: it is also a response to larger structural conditions in sending and receiving societies, factors that cannot be studied easily by using surveys of individuals and households. Finally, migrants and their families inevitably make decisions within a local setting. National, state, and regional conditions are important, but their effects are mediated through local social and economic institutions that are difficult to study by using survey data alone« (ebd.: 12f.). Interessant ist in diesem Zusammenhang auch eine Studie, die das Wirken von Netzwerkstrukturen über die Messung der Bedeutung sozialen Kapitals (im Sinne von Coleman 1988 oder Bourdieu 1985) untersucht (Espinosa/Massey 1997).

Ein wesentlicher Ertrag der Forschungen über Migrationsnetzwerke und -kreisläufe liegt darin, dass sie vielversprechende Vermittlungselemente bzw. ›Zwischenstücke‹ für die soziologische Theoriebildung liefern. Wir dürfen uns nicht auf die Frage beschränken, unter welchen Bedingungen Menschen grenzüberschreitend wandern und welche Folgen dies für sie selbst und für die Herkunfts- und Ankunftsregionen hat. Vielmehr muss ein erweitertes Verständnis von Migration entwickelt werden: Sie kann nicht als eine zu einem bestimmten Zeit*punkt* erfolgende Bewegung einer sozialen Einheit von einem Flächenraum*punkt* zu einem anderen verstanden werden. Vielmehr muss Migrationstheorie auch jene sozialen Wirklichkeiten berücksichtigen, die sich zwischen den Zeit- und Raumpunkten aufspannen. Netzwerk- und Kreislaufkonzepte können hier sehr hilfreich sein.

Neue Typologien internationaler Migration

Alfredo wollte auf jeden Fall noch einmal als Arbeitsmigrant in die USA gehen. Im Nachhinein hatte er die Zeit seines ersten zweijährigen Aufenthaltes in Los Angeles/Kalifornien, wo er Pizzas auf Bestellung auslieferte, als sehr angenehm in Erinne-

rung (obwohl er gerade das erste Jahr in Los Angeles seinerzeit geradezu als Horror erlebt hatte). Er konnte sich aber auch nicht vorstellen, wie sein Onkel Gustavo zu werden, der schon seit zwanzig Jahren in Kalifornien lebte, dessen Kinder dort geboren waren und der unentwegt auf Mexiko, das Chaos und die Korruption im Land schimpfte und sich (in den Augen Alfredos vergeblich) bemühte, ein ›echter Amerikaner‹ zu werden. Auch sein Vater war für Alfredo kein Vorbild. Der war nämlich nach vier Jahren Arbeit auf dem Bau in San Diego als Alkoholiker in sein Heimatdorf in Mexiko zurückgekommen, schimpfte auf die Gringos und wollte nie wieder in die USA gehen. Alfredo wollte einen anderen Weg gehen, ein anderer Typ von Migrant sein als sein Onkel und sein Vater, irgendetwas zwischen Emigrant und Remigrant.

Theorien internationaler Migration arbeiten fast immer mit Typologien. Diese können sich auf sehr verschiedene Dimensionen des Wanderungsprozesses beziehen: auf die Raumdistanzen im Migrationsprozess (interne und externe Migration, Nah- und Fernmigration), auf Zeitaspekte (Tages-, Wochen-, saisonale, langfristig-zyklische, einmalig-dauerhafte Migration), auf Charakteristika von Herkunfts- und Ankunftsregion (Land-Stadt- oder Dritte-Welt-Erste-Welt-Migration), auf die Häufigkeit von Ortsveränderungen (einmalige Emigration/Immigration, Rückkehrmigration, Pendelmigration), auf die Gründe und Umstände für den Ortswechsel (freiwillig, unfreiwillig; Arbeits- oder Fluchtmigration; ökonomisch, politisch, religiös-kulturell bedingt), auf die Art des Zutritts zur Ankunftsregion (angeworben/eingeladen, geduldet, unerwünscht; mit legalen Dokumenten, mit gefälschten Dokumenten, eingeschleust, gültige Dokumente; friedlich, unorganisiert; Invasion, Eroberung), auf die Form des zurückgelegten Weges und die Art des Transportmittels (direkte, indirekte, sequenzielle; zu Fuß, motorisiert, per Flugzeug), auf die Charakteristika der Wanderungsform (individuelle, Gruppen-, Massenwanderung; organisiert, nicht organisiert; markt-, familien-, netzwerkvermittelt), auf besondere personenbezogene Merkmale der Migranten (unqualifiziert, hochqualifiziert, Experten; ethnische Zuschreibung) oder auf die mit der Wanderung verbundenen grundlegenden Ziele (Rettung des eigenen Lebens, Verhinderung einer Verschlechterung, Verbesserung der Lebensumstände).

Häufig haben solche Typenbildungen insofern eine untergeordnete Bedeutung, als sie der ordnenden Sichtung empirischer Phänomene dienen, nicht selten bleiben sie auch implizit, da die ihnen zu Grunde liegenden Kriterien nicht dargelegt werden. Wenn man sozialwissenschaftliche Typenbildung allgemein als »gedankliche Konstruktion sozialer Phänomene anhand *ausgewiesener* Merkmale und Merkmalsausprägungen« versteht, »die durch deren *gezielte und reflektierte* Auswahl, Akzentuierung, Abstraktion und Kombination eine ›konfigurative Interpretation‹ als kohärenten Sinnzusammenhang ergibt« (Pries 1997b: 438), so kann sie nicht nur als methodisches Hilfsmittel, sondern auch als Verfahren der Theoriebildung selbst angesehen werden. Gerade wenn einfache Kausalzusammenhänge nicht vorliegen und Hypothesentests im Sinne des Kritischen Rationalismus nicht geboten erscheinen, kann Typenbildung ein adäquates Vorgehen der Komplexitätsreduktion sein. In der neueren Forschung über internationale Migration gibt es dafür einige Beispiele (vgl. Massey et al. 1987; Faist 2000).

Besonders ausführlich hat Martínez 1998 im Rahmen seiner Studie über *border people* zwischen den USA und Mexiko von diesem Verfahren Gebrauch gemacht. Dabei meinen die Termini *border people* und *borderlands* nicht nur geographische, sondern auch ökonomische, soziale und kulturelle ›Grenzgänger‹ und ›Grenzräume‹: »Transnational interaction in the contemporary borderlands includes but is not limited to such phenomena as migration, employment, business transactions, tourism, trade, consumerism, cultural interchange, and social relationships« (ebd.: 59). In das transnationale Kräftefeld der *borderlands* sind die drei Typen der *Mexicans*, der *Mexican Americans* und der *Anglo Americans* sehr unterschiedlich involviert. Auf der Basis von wirtschaftlichen, kulturellen und Zeitlichkeitskriterien entwickelt Martínez ausdifferenzierte Typologien entlang unterschiedlicher Einzeldimensionen und veranschaulicht diese mit Fallstudienmaterial. Wie der Autor selbst betont, handelt es sich nicht um eine repräsentative Untersuchung, die etwa die quantitative Zusammensetzung der *borderlands* nach Tpyen von *border people* genau abzubilden erlaube; vielmehr gehe es darum, »to delineate the structure of borderlands society [...] describing transnational and transcultural interaction rather than with quantifying precisely the size of the various sectors of the population« (ebd.: 65). Insofern ist diese Studie ein gutes Beispiel für Hypothesen und Theorien generierende neuere Migrationsforschung.

Ausgehend von den vier Dimensionen »Verhältnis zur Herkunftsregion«, »Verhältnis zur Ankunftsregion«, »Hauptmotiv für Wanderung« und »Zeithorizont der Wanderung« unterschied Pries 1998 vier Idealtypen internationaler Migranten, wobei die jeweiligen Konfigurationen der Merkmalsausprägungen in den einzelnen Dimensionen sowohl von den aktiven Migranten und ihrem Primärgruppenumfeld selbst, als auch von dem rechtlichen, politischen, wirtschaftlichen und sozial-kulturellen *setting* der Herkunfts- und Ankunftsregion abhängen. Der erste Typus sind *Emigranten* bzw. *Immigranten*. Diese unterhalten zwar noch Kontakte zu ihren Herkunftsländern, richten sich jedoch auf Dauer in den Ankunftsländern ein und integrieren sich schrittweise als Eingewanderte – vielleicht auch erst über mehrere Generationen – in die dortige Gesellschaft. Ein Großteil der europäischen Wanderungen um die Jahrhundertwende in Richtung des amerikanischen Kontinents (von Kanada bis Chile) entsprach diesem Typ von Aus- bzw. Einwanderung. Ein zweiter Typus sind *Rückkehr-Migranten* oder *Remigranten* (im Englischen *return migrants* genannt). Sie wechseln ihren Wohn- und Lebensort für eine befristete Zeit (saisonal oder für einige Jahre) – meistens zum Zwecke des Gelderwerbs – und kehren dann in ihr Herkunftsland zurück. In Deutschland entsprach das Gastarbeiter-Konzept, in den USA das Return-Migrant-Konzept sehr stark diesem Idealtypus.

Ein dritter Typus ist der *Diaspora-Migrant*, dessen grenzüberschreitende Wanderung in erster Linie religiös oder/und durch starke loyalitäts- und organisationelle Abhängigkeitsbeziehungen (wie z.B. bei Kirchen, diplomatischen Korps, transnationalen Unternehmen, internationalen Stiftungen etc.) bestimmt ist. Der Diaspora-Migrant richtet sich physisch-räumlich und vielleicht auch wirtschaftlich, aber nur bis zu einem gewissen Grade sozial und mental in der Ankunftsgesellschaft ein. Er behält gleichzeitig und auf Dauer starke sozial-kulturelle Bindungen zu seinem Herkunftsland bzw. zu seiner transnationalen ›Mutterorganisation‹.[15] Als vierter Typus wird der *Transmigrant* vorgestellt, bei dem das Verhältnis zwischen Herkunfts- und Ankunftsregion durch die Herausbildung von auf Dauer angelegten *transna-*

tionalen sozialen Räumen gestaltet ist. Diese pluri-lokalen sozialen Räume fallen nicht mit einheitlichen Flächenräumen zusammen, wie das bei ›Auswanderern‹ (Ankunftsland) und rückkehrenden ›Gastarbeitern‹ (Herkunftsland) der Fall ist. Sie sind auch nicht einfach ein flächenräumlich zersplittertes und verteiltes System von Diasporas, die durch den einheitsstiftenden Rückbezug auf ein ›gelobtes Land‹ oder auf eine transnationale Organisation und durch explizite Differenzerhaltung zu den jeweiligen Gastländern zusammengehalten werden. Vielmehr sind diese *transnationalen sozialen Räume* Produkt und Neuschöpfung aus identifikativen und sozialstrukturellen Elementen der Herkunfts- *und* der Ankunftsregion. Dieser Typus des Transmigranten ist nicht völlig neu, gewinnt aber – so das Argument – im Zusammenhang und Wechselspiel von Globalisierung und neuen Kommunikations- und Transporttechnologien gerade in der Arbeitsmigration an Bedeutung.

Cumulative Causation

Guadelupe hatte zwei Jahre in der Küche eines New Yorker Restaurants gearbeitet und war dann wegen ihres Freundes in ihr Heimatdorf zurückgekehrt. Sie wollte ihre in den USA gemachten Erfahrungen nutzbringend umsetzen und hatte in der Provinzstadt Acatlán einen ›modernen‹ Schnellimbiss mit Hamburgern und Pizzas eröffnet. Hierfür gab es bei den zurückkehrenden Migranten und den Jugendlichen eine große Nachfrage. Das Geschäft war aber nicht so gut angelaufen wie erhofft. Außerdem hatte sie Probleme, einige typische Gewürze zu bekommen, die es in Mexiko nicht gab, die aber von vielen Mexikanern in den USA gerne konsumiert wurden. Deshalb entschloss sie sich, noch einmal für drei Monate in New York zu arbeiten, einen Bezugsweg für die benötigten Gewürze zu organisieren und ihr Geschäft während dieser Zeit ihrem Bruder und dem Freund anzuvertrauen.

Neben der raum- und zeitbezogenen Dynamisierung der Migrationstheorie erfolgte auch eine komplexere, stärker an dynamischen Wechselwirkungen orientierte Modellierung der Ursachen und Triebkräfte internationaler Migration. Dies ist vor allem das Anliegen des Konzepts der *kumulativen Verursachung*. Es besagt, dass einmal initiierte Wanderungen komplexe Wandlungsprozesse in den Herkunfts- und Ankunftsräumen bewirken, die eine Stabilisierung und Ausweitung von Migration wahrscheinlich machen. Jeder Migrationsakt verändert den Rahmen, in dem weitere Migrationsentscheidungen getroffen werden. »Cumulative causation refers to the tendency for international migration to perpetuate itself over time, regardless of the conditions that originally caused it« (Massey et al. 1994: 733).

Die Geldüberweisungen der Migranten an ihre Familien (*remittances*) beeinflussen die Lokalökonomien erheblich. Sie können das lokale Preisgefüge für Bau- und Ackerland völlig verändern, wenn z.B. die Arbeitsmigranten zumindest einen Teil ihrer Arbeitsverdienste systematisch in Landkauf oder Häuserbau investieren. Landwirtschaftlich genutztes oder nutzbares Land wird teurer. Wenn die Migranten dieses Ackerland aber weniger arbeitsintensiv als traditionell üblich nutzen, senkt dies die örtliche Nachfrage nach Landarbeitern und ein weiterer Push-Faktor für Migration entsteht.

Auch die Sozialordnung der Herkunftsgemeinden kann sich verändern, wenn etwa aus Familien mit traditionell niedriger Kapital- und Prestigeausstattung viele Mitglieder als Arbeitsmigranten zu erheblichem Geldeinkommen beitragen, das die örtliche Wohlstandsverteilung umkrempelt. Traditionell männerdominierte Sozialbeziehungen können durch die Abwesenheit fast aller Männer im erwerbsfähigen Alter und/oder durch die massenhafte Arbeitsmigration von Frauen ernsthaft herausgefordert werden (Goldring 2000). Solche sozialen Veränderungen in den Herkunftsgemeinden als Folge von Arbeitsmigration können dann wiederum als Katalysatoren für weitere Arbeitsmigration wirken, z.B. wenn wegen der durch *remittances* erhöhten Lebenshaltungskosten noch mehr Menschen zwecks Arbeitsmigration das Dorf verlassen, um überhaupt noch ihren Status quo zu halten.[16]

Erfahrungsberichte erfolgreicher Migranten wirken wiederum als starker ›*pull*-Faktor‹. Haben Wanderungsströme eine kritische Masse erreicht, schafft schon die Nachfrage nach spezifischen, mit der Herkunftsregion assoziierten Nahrungsmitteln und Kulturangeboten in der Ankunftsregion neue Beschäftigungschancen, die durch die Migrationsprozesse selbst entstanden sind und wiederum beschleunigend auf diese zurückwirken. Pizza-Restaurants und Dönerkebab-Imbissstuben entstanden in Deutschland zunächst als Reaktion auf die durch italienische und türkische Arbeitsmigranten ausgelöste Nachfrage. Sie wurden dann aber zu einem eigenständigen und beachtlichen Erwerbszweig für neue Arbeitsmigranten.

Auf der Ebene individueller Akteure impliziert kumulative Verursachung, dass durch einmalige Migration die Wahrscheinlichkeit einer weiteren Migrationsentscheidung derselben Person und auch die Wahrscheinlichkeit einer neuen Migrationsentscheidung anderer bekannter Personen zunimmt. Migrationserfahrungen verändern den qualifikatorischen Hintergrund einer Person (Landes-, Arbeitskenntnisse, Sprache etc.), sie können aber auch den Werte- und Erwartungshorizont des Migranten verschieben. Für die Arbeitsmigration zwischen Mexiko und den USA wurde empirisch aufgezeigt, dass mit jedem Migrationsaufenthalt die Wahrscheinlichkeit eines weiteren anwächst (vgl. Massey et al. 1993 und die bei Massey et al. 1994: 733 zitierte Literatur).

Durch individuelle Migrationsentscheidungen wird insgesamt der strukturelle Migrationskontext, vor allem auf der Gemeindeebene, erheblich verändert. Die Geldrücktransfers der Migranten verändern auch die Einkommensstrukturen der Haushalte in den Herkunftsregionen. Gleichzeitig verschieben sich die Erwartungs- und Aspirationshorizonte vieler Gemeindemitglieder, unabhängig davon, ob sie selbst migrieren oder auf lange Sicht in der Herkunftsregion verbleiben. Durch Rückkehrer und Besuche von Migranten in ihren Herkunftsregionen werden neue Konsum- und Kulturmuster, Normalitätsstandards und Möglichkeitsfelder etabliert. Die Mechanismen und Formen sozialer Differenzierung, Machtstrukturen und Integration wandeln sich, und dabei erhöhen sich in aller Regel die Wahrscheinlichkeiten für neue und für mehr Migrationsentscheidungen. Schätzungen für ärmere Regionen Mexikos gehen davon aus, dass in abgelegenen Landgemeinden die Geldtransfers der Migranten den überwältigenden Teil aller Geldbareinkommen ausmachen können.

Es liegen inzwischen viele empirische Belege für die Erklärungskraft des Konzepts kumulativer Verursachung vor (vgl. Massey et al. 1998). Anders als die strukturfunktionalistisch inspirierten Ansätze wie etwa der von Mabogunje 1970 betont es nicht nur die ineinander verschachtelten Wirkungsketten auf der Ebene von Individuen, Haushalten, Gemeinden, regionaler und nationaler Umwelt in Herkunfts- und Ankunftsregionen, sondern berücksichtigt die kumulativen Veränderungen dieser Wirkungsketten in der Zeit. Dadurch können besonders emergente und selbstbeschleunigende Aspekte von Migrationsprozessen analysiert werden. Die systematische Entwicklung von entsprechenden Theoriemodellen und deren empirische Überprüfung steht allerdings noch aus.

Internationale Migrationssysteme

Roberto war sich der Gefahren eines ›illegalen‹ Grenzübertritts bei Tijuana nach Kalifornien bewusst. Gerade im Zusammenhang der Gouverneurswahlen spitzte sich die Anti-Immigrationsstimmung in den USA – wie jedesmal vor Wahlen – wieder zu, die US-amerikanische Migrationspolizei griff härter durch. Aber dies machte den Grenzübertritt nicht unmöglich, sondern nur teurer und aufwendiger. Die Schlepper verdoppelten den Preis für den sicheren Transport über die Grenze von 600 auf 1.200 US-Dollar. Und Roberto wusste, dass er in der Keramikfabrik in der Region von Houston gutes Geld verdienen würde. Außerdem munkelte man, dass es in den USA nach einer Wiederwahl von Bill Clinton vielleicht eine zweite Amnestiewelle wie bei IRCA 1986 geben würde. Für diesen Fall wollte er genügend Jahre als indocumentado *ansammeln, um auf dieser Basis eventuell später eine* green card *beantragen zu können.*

Die im Folgenden vorgestellte Forschung über internationale bzw. transnationale Migrationssysteme hat mit dem zuvor behandelten Konzept der kumulativen Verursachung eine systemische Perspektive auf internationale Migrationsprozesse gemein. Während aber Letztere auf die Dynamik der Migrationsprozesse selbst konzentriert ist, interessiert sich der Ansatz der internationalen Migrationssysteme vorrangig für die durch Migrationshandeln und Migrationspolitik historisch gewachsenen und sedimentierten ökonomischen, politischen und rechtlichen Strukturen, die internationale Migration ermöglichen, begrenzen und in ihren Formen regulieren.

Die Fokussierung auf internationale Migrationssysteme betont den Umstand, dass internationale Wanderungen niemals allein als individuelle oder kollektive Entscheidungen und Handlungen in interpersonellen Migrationsnetzwerken situiert sind – wie dies verschiedene der hier behandelten Ansätze der Migrationsforschung nahe legen. Migrationsprozesse müssen auch im Zusammenhang der sozioökonomischen Strukturen und Traditionen sowie der politischen und normativen Regulierungen zwischen Ländern analysiert werden (Heisler 1992). Internationale Migrationssysteme werden verstanden als »constituted by a group of countries that exchange relatively large numbers of migrants with each other [...] In addition to the spatial dimension that demarcates all countries in a system, a time dimension is essential to capture flow and counterflow dynamics« (Kritz et al. 1992: 2 und 4).

In einer historisch-vergleichenden Studie haben Zolberg/Smith 1996 das »Inter-American Migration System« (gemeint ist eigentlich das auf die USA fokussierte Migrationssystem) dargestellt und ansatzweise mit dem »Mediterranean-European System« (behandelt werden Belgien, Holland, Deutschland und Frankreich als Ankunftsländer und Algerien, Marokko, Tunesien und die Türkei als Herkunftsländer) verglichen. Anschaulich wird z.B. für die Migration zwischen Mexiko und den USA herausgearbeitet wie sich die historische Entwicklung der Migrationsströme bis heute in die sozioökonomischen Strukturen eingefressen hat. Die Zugehörigkeit der heutigen südwestlichen US-Bundesstaaten (California, Nevada, Utah, Arizona, New Mexico, Texas) zu Mexiko bis zur Mitte des 19. Jahrhunderts und das *Bracero*-Programm, mit dessen Hilfe sich die USA von 1942 bis 1964 mit insgesamt etwa 4 Mio. mexikanischen ›Gastarbeitern‹ versorgten, beeinflussen als ›objektive‹ historische Tatsachen noch heute in vielfältiger Weise die Wanderungsdynamik zwischen beiden Ländern. Hierdurch entstanden binationale Migrationsnetzwerke mit Millionen von Familien, die über mehrere Generationen direkt in diese Migration involviert waren; bis heute prägt dies die sprachlich-kulturellen Strukturen, die lokalen Ökonomien und Arbeitsmärkte auf beiden Seiten der Ländergrenze; schließlich lagern auch die formellen politisch-rechtlichen Regulierungen der Arbeitswanderung zwischen beiden Staaten sowie die Praktiken und Normalitätserwartungen von Unternehmen und Arbeitnehmern auf beiden Seiten der Grenze auf dem Fundament dieser Entwicklungen.[17]

Das Beispiel des nordamerikanischen Migrationssystems macht deutlich, dass das Konzept *Internationale Migrationssysteme* sensibel für historische Zusammenhänge ist. So zeichnen sich die entsprechenden Arbeiten dadurch aus, dass ihre Längsschnittperspektive heute beobachtbare migrationsrelevante Strukturen und Praktiken als Ergebnis von vergangenen Handlungs- und Entscheidungsprozessen aufweist. Diese begrenzen auch wesentlich den kurzfristigen politischen Gestaltungsspielraum, den Nationalstaaten und einzelne Akteursgruppen besitzen, um Migrationsströme zu beeinflussen. In der Tradition politikwissenschaftlicher Forschung über Internationale Beziehungen diskutiert Weiner (1985) die Zutritts- und Ausschlussregeln, die Nationalstaaten im Zuge ihrer eigenen Souveränitätsbestimmung für (potenzielle) Migranten festlegen können (vgl. Dittgen 1998; Faist 2000). Internationale Migrationsströme werden von solchen nationalen Migrationsregimes stark beeinflusst. Da Staaten aber auf vielen Gebieten miteinander kooperieren (müssen), können sie ihre migrationsrelevanten Zutritts- und Ausschlussregeln nicht festlegen, ohne die Positionen und Interessen anderer Länder zu berücksichtigen.

Solche bi- oder plurilateralen Regelungen sind zwar ein wichtiger, aber nur *ein* Aspekt internationaler Migrationssysteme (vgl. Zolberg/Smith 1996). Migrationsprozesse zwischen zwei Ländern können hochgradig formalisiert sein, wobei die beteiligten Regierungen sehr konkrete politische Ziele verfolgen. Wie viele Erfahrungen zeigen, sind die Möglichkeiten, Migrationsprozesse kurzfristig mit politischen Mitteln zu steuern, jedoch sehr begrenzt – nicht selten entfalten solche Eingriffe genau das Gegenteil der intendierten Wirkungen.[18]

Dies verweist darauf, dass ein Migrationssystem zwischen zwei Ländern nicht in erster Linie auf formalen Regelungen aufbaut, sondern auf historisch gewachsenen Strukturen und den Praktiken von Menschen. Wo grenzüberschreitende Wanderungen quantitativ zunehmen und sich qualitativ verändern, sind die Herkunfts- und Ankunftsregionen (sowie die Stationen dazwischen) nicht mehr bloß unverbundene ›Orte‹, sondern Teile komplexer Ordnungs- und Funktionsgefüge (vgl. Fawcett 1989). Die Voraussetzungen, Formen und Folgen internationaler Migrationsprozesse lassen sich ohne eine eingehende Analyse dieser internationalen Migrationssysteme – geronnene Formen vorangegangener und Bedingung gegenwärtiger und zukünftiger Migration zugleich – nicht adäquat erklären und verstehen.

Globalisierung und internationale Migration

Francisca war 37 Jahre alt und hatte immer auf und von der kleinen elterlichen Parzelle gelebt (Mais-, Chili- und Bohnenanbau). Noch stark der Tradition ihrer mixtekischen Vorfahren verhaftet, konnte sie sich nicht vorstellen, zur Fabrikarbeit in eine Großstadt zu gehen. Viele Jahre hatte sie den Gebrüdern Sánchez bei der Ernte geholfen und sich damit ein kleines Zubrot verdient. Die Gebrüder Sánchez waren zwar immer schon kleine hacendados *(Großgrundbesitzer) gewesen, hatten sich aber in den letzten zwanzig Jahren durch den Aufbau einer eigenen Tortilla-Produktion in New York zu Dollar-Millionären entwickelt und die* International Fruit Company *gegründet, die in Mexiko Gemüse und Chilis zubereitete, in Dosen verpackte und dann in den USA an die wachsende Zahl von Latino-Migranten verkaufte. Francisca war von einem der Brüder Sánchez persönlich eingeladen worden, für ein Jahr zusammen mit ihrem Bruder bei der Zubereitung und Verpackung von mexikanischen Fastfood-Gerichten in einer neuen Fabrik in New York zu helfen. Die Brüder Sánchez wussten, dass für diese Jobs am besten ehrliche* nativos *aus ländlichen Gemeinden geeignet waren.*

Der in diesem Abschnitt zu behandelnde Zugang lässt sich als eine Fortsetzung, Weiterentwicklung, aber auch als kritische Revision von Forschungsperspektiven verstehen, die im Kapitel zu den klassischen Theorien vorgestellt worden sind. Internationale Migrationsprozesse werden hier nicht mehr isoliert als ›Bewegungen von Menschen zwischen Orten/Ländern‹, sondern als grenzüberschreitende Bewegungen von Menschen *im Kontext* globaler Bewegungen von Kapital, Gütern, Informationen und kultureller Symbole untersucht. Im Unterschied zu den sog. klassischen Ansätzen ist die im Folgenden dargestellte jüngere Forschungsrichtung engagiert-kritisch, indem sie etwa die mit Migrationsprozessen verbundenen Politiken (z.B. hegemoniale Diskurse und Praktiken) mit in den Blick nimmt. Anders als den im Abschnitt »Struktur- und systemorientierte Perspektiven internationaler Migration« angesprochenen Zugängen geht es ihr nicht darum, eine Theorie und ihre Begriffsunterscheidungen am empirischen Gegenstand »Migration« zu erproben, sondern darum, theoretische Überlegungen und Unterscheidungen und empirische Beobachtung miteinander in ein fruchtbares Verhältnis zu setzen.[19]

Einen zentralen Beitrag zu dieser Richtung legte Saskia Sassen (1988) mit »The Mobility of Labor and Capital« vor. In der viel beachteten Studie stellt Sassen den engen Zusammenhang zwischen globalen Arbeitskräfteströmen und Waren- und Kapitalströmen her. In dem Maße wie sich die kapitalistische Wirtschaftsweise über den gesamten Globus erstreckt, expandiert auch die Zahl internationaler Arbeitsmigranten, die als Reservearmee und Konjunkturpuffer dienen. Sassens Fokus liegt auf *Global Cities* wie New York, Frankfurt oder Tokio, die auf engstem Flächenraum alle nur denkbaren Arbeits- und Beschäftigungsformen – von hoch qualifizierten und gut bezahlten Bankern bis zu prekär beschäftigten Dienstleistern (Reinigungs- und Transportpersonal etc.) – kombinieren. Gerade der Bereich einfacher manueller und nicht-manueller Tätigkeiten in den metropolitanen Städten wirkt wie ein Magnet auf potenzielle Migranten in den weniger industrialisierten Ländern (Sassen 1991 und 1998: Section I; Parnreiter 1999).

Viele der bereits oben genannten Argumente des neoklassischen Modells der Erklärung internationaler Arbeitsmigration werden von Peter Stalker (2000) vor dem Hintergrund der Globalisierungsdiskussion einer kritischen Überprüfung unterzogen. So setzt er sich z.B. mit dem Heckscher-Ohlin-Modell auseinander, wonach Länder diejenigen Güter produzieren sollten, für die ihre Ressourcenausstattung komparative Kostenvorteile bietet. Bei freiem Fluss der Kapital-, Waren- und Arbeitskräfteströme sollte sich dann ein (neoklassischer) Gleichgewichtszustand ergeben. Stalker (ebd.: Kapitel 4) zeigt empirisch auf, dass Freihandel aber häufig nicht Investitionskapital aus den hochindustrialisierten kapitalistischen Ländern zu den (billigen) Arbeitskräften der Länder des Südens bringt, sondern umgekehrt kurzfristig mit einer erhöhten Süd-Nord-Arbeitsmigration einhergeht.

Die Beziehungen zwischen den Kapital-, Waren- und Menschenströmen können sehr komplex sein und lassen sich nicht einfach unter die Formel ›internationale Arbeitsmigration folgt globalem Kapitalfluss‹ subsumieren. Dies zeigt sich besonders deutlich am Beispiel chinesischer Auslandsmigration und transnationaler Geschäftstätigkeit. Zu Beginn der 1990er Jahre lebten etwa 25 Mio. ethnische Chinesen außerhalb Chinas (Volksrepublik und Taiwan). Ein großer Teil davon war nicht in Wirtschaftsunternehmen des jeweiligen Gast- bzw. Ankunftslandes abhängig beschäftigt, sondern betätigte sich selbst als Familien- oder Kleinunternehmer im Rahmen komplexer Netzwerkstrukturen (*guanxi*). Ein chinesischer Arbeitsmigrant, der im Rahmen solcher *guanxis* (z.B. von großfamilialen oder auf gemeinsamer Herkunft beruhenden Loyalitätsnetzwerken) eine erste Anstellung in einem von ›Auslandschinesen‹ geführten kleinen Lebensmittelgeschäft in Singapur oder New York findet, macht sich z.B. nach einigen Jahren selbstständig, sucht im Rahmen seines *guanxis* Beschäftigte und erzeugt so selbst neue internationale Arbeitsmigration. Noch komplizierter ist das Verhältnis von Kapital-, Waren- und Arbeitskräftebewegungen, wenn etwa in Malaysia unter Federführung von Auslandschinesen gefertigte Geräte der Unterhaltungselektronik in Kanada oder den USA im Rahmen von *guanxi*-Strukturen vertrieben werden. Die Beiträge in dem von Ong/Nonini (1997) herausgegeben Band über chinesischen Transnationalismus beleuchten viele Aspekte dieser komplexen Wechselwirkungen und stellen sie in den Zusammenhang einer Diskussion um (alternative) Formen gesellschaftlicher Modernisierung.

Mit dem Verhältnis von Globalisierung und Migration befassen sich David Held et al. (1999). Wie die oben erwähnten Autoren und gegen eine einseitig ökonomische Perspektive betrachten sie internationale Migration nicht als eine *Folge*, sondern als eine *Triebkraft* und *Form* von Globalisierung: »One form of globalization is more ubiquitous than any other – human migration« (ebd.: 283). In einer historischen und politikwissenschaftlichen Perspektive argumentieren sie, dass Auswanderung für große Imperien und Staaten ein wichtigeres Mittel der Ausdehnung war als das (kriegerische) Überschreiten politisch definierter Landesgrenzen. Entlang wichtiger Untersuchungsdimensionen internationaler Migration (Hauptregionen und Ethnien, Quantität und Qualität, Geschwindigkeit, Hauptwanderungseinfluss, Infrastruktur, Institutionalisierungsgrad und Sozialstruktur) entwickeln die Autoren eine historische Epocheneinteilung und Typologie. Als Ergebnis kommen sie zu der Annahme, dass Nationalstaaten im Zeitalter von Globalisierung zunehmend ihre Fähigkeit verlieren, zu angemessenen ökonomischen, politischen und sozialen Kosten die grenzüberschreitenden Wanderungsbewegungen von Menschen kontrollieren oder gar steuern zu können (ebd.: 321ff.). Hieraus ergeben sich grundlegend neue Herausforderungen für internationale Migration, ihre Erforschung und mögliche Gestaltung – nicht zuletzt, weil neue politische und soziale transnationale Realitäten entstehen.

Transnationalismus und Transmigration

Schließlich soll die innovative Diskussion um Transnationalismus und Transmigration vorgestellt werden. Wie bereits mehrfach angesprochen, besteht ihr Spezifikum darin, Migration nicht mehr als einen ein- oder zweimaligen Wechsel zwischen zwei Orten (Herkunfts- und Ankunftsregion) zu betrachten. Vielmehr wird häufigere Hin- und Her- oder auch Dreiecks-Migration als genuiner Bestandteil durchaus kontinuierlicher Lebensläufe – im bereits diskutierten Sinne einer Daseins- und nicht nur Übergangsform – verstanden, deren sozialräumliche Konfiguration *pluri-lokal* und im hier interessierenden Fall internationaler Migration transnational ist. Die Sozialräume, in denen sich Transmigranten bewegen, bestehen also aus mehreren sozial strukturierten Flächenextensionen. Die Transnationalismus-Perspektive ist daher auf Phänomene gerichtet, die einerseits die Grenzen von Nationalstaaten und Nationalgesellschaften überschreiten, aber andererseits nicht einfach global im Sinne von ubiquitär oder ›in allen wichtigen Weltregionen präsent‹ sind.

Eine wichtige erste Zusammenfassung der Transnationalismus-Debatte haben Nina Glick Schiller et al. 1992 und Linda Basch et al. 1997 gegeben. Basch et al. gehen von vier Annahmen aus (ebd.: Kapitel 2): (1) Transnationale Migration ist unauflöslich mit der Entwicklung des globalen Kapitalismus und der globalen Kapital-Arbeit-Beziehungen verbunden; (2) Transnationalismus ist als Prozess zu verstehen, in dem Migranten durch ihre Alltagspraxis und sozialen, wirtschaftlichen und politischen Beziehungen soziale Felder konstruieren, die die Grenzen von Nationalstaaten überschreiten; (3) sozialwissenschaftliche Forschungsperspektiven, die an Konzepte wie Ethnie, Rasse oder Nation gebunden sind, können transnationale Phänomene weder angemessen wahrnehmen noch analysieren; (4) indem Transmigranten grenzüberschreitend leben, sind sie mit den Nationenbildungskonzepten mehrerer Nationalstaaten konfrontiert und damit auch mit unterschiedlichen Vorstellungen etwa von Ethnie oder Rasse. Nach Auffassung von Basch et al. entstehen »deterritorialisierte Nationalstaaten« dadurch, dass ein Teil ihrer Bevölkerung als Transmigranten irgendwo in der Welt in anderen Nationalstaaten lebt, aber »still not live outside the state [...] because the members of their diasporas conduct economic, political, social, and cultural transactions that are essential for the maintenance of the home state's survival« (1997: 269f.). Wenn z.B. ein aus Haiti stammender Arzt aus den Einkünften seiner Praxis in New York regelmäßig Geld an seine haitianische Großfamilie überweist und sich ihr wie auch seiner Herkunftsgemeinde und seinem Geburtsland nach wie vor zugehörig fühlt, dann gehört dieser Arzt nach Basch et al. zum haitianischen Nationalstaat, der auf vielfältige Weise auf die nicht auf seinem Territorium lebenden Haitianer angewiesen ist und diese politisch adressiert und inkludiert. Durch dieses Netz von Relationen und die damit verbundenen nationalen Zugehörigkeiten und Zuschreibungen entsteht dann der deterritorialisierte Nationalstaat.

Während für das Transnationalismus-Konzept die Bezugnahme auf die sozial-räumliche Einheit des Nationalstaates (und seine angenommene Deterritorialisierung durch transnationale Migration) wesentlich ist, ist die zentrale sozialräumliche Einheit in anderen Studien die (*transnational*) *community*. Die prominente Bedeutung des *community*-Konzeptes in der neueren Migrationsforschung wurde bereits weiter oben erwähnt. Die neueren Studien über internationale Migration schließen an die klassisch soziologische Gegenüberstellung von Gemeinschaft und Gesellschaft an (z.B. bei Smith 1995) und entwickeln den Begriff der Gemeinschaft vor allem durch empirische Forschungen weiter. Oder aber man bezieht sich auf das von Benedict Anderson (1983) entwickelte Konzept der Nationalgesellschaften als *imagined communities*. Gemeinsam ist diesen unterschiedlichen Zugängen, dass die Alltagspraxis von internationalen Migranten als Extension der sozialen Praxis in ihrer Herkunftsgemeinde, also als Beitrag zu einer auf diese Weise entstehenden *transnational community*, eingeordnet und analysiert wird. Transnationale Gemeinden bzw. Gemeinschaften (beide Sinndeutungen schwingen im amerikanischen *community*-Begriff mit) werden als die Grenzen von Nationalstaaten und -gesellschaften überschreitende soziale Felder verstanden, die durch zirkuläre Migrationsströme entstehen und sich verstetigen (vgl. Smith 1995 und 1997; Goldring 1996 und 1997).

Als Kritik und Erweiterung dieser Perspektive lässt sich einwenden, dass die von internationalen Migranten strukturierten *communities* nicht nur *Extensionen* ihrer Herkunftsgemeinden sind, sondern dass durch die sozialen Praktiken, Symbolsysteme und die materielle Kultur der internationalen Migranten ein qualitativ neuer Typus von Migration, die Transmigration, und neue pluri-lokale soziale Räume entstehen. Diese neuen transnationalen sozialen Räume bauen auf den Gegebenheiten der Herkunfts- *und* denen der Ankunftsregionen auf, sie situieren sich in und zwischen beiden und verbinden diese miteinander. Dies wird in der bereits erwähnten Studie von Martínez (1998) unter dem Begriff der *borderlands* theoretisch und empirisch entwickelt. Goldring (1997 und 2000) interpretiert soziale Institutionen innerhalb von transnationalen Migrantennetzwerken in ihrer Funktion und Bedeutung für die soziale Positionierung von Transmigranten, für die Re-Strukturierung von Geschlechterverhältnissen und für die Entwicklung transnationaler politischer Bewegungen.[20]

Der von Aihwa Ong und Donald Nonini (1997) herausgegebene Sammelband beschäftigt sich mit dem chinesischen Transnationalismus als einer Alternative zur westlichen Moderne. Ihnen zufolge bedeutet ›Chinese sein‹ nicht in erster Linie, in einem bestimmten geographischen Raum zu leben oder spezifische ethnische Merkmale aufzuweisen, sondern »is an inscribed relation of persons and groups to forces and processes associated with global capitalism and its modernities« (ebd.: 4). Zwischen vielen Ländern Südostasiens (China selbst, Malaysia, Indonesien, Thailand, Japan etc.), aber auch mit den USA bestünden enge transnationale Netzwerkbeziehungen, die Ausdruck einer »Dritten Kultur« jenseits traditionaler chinesischer und moderner westlicher Kultur seien. Diese transnationale »Dritte Kultur« unterscheide sich vom westlich-liberalen Kapitalismus durch alternative dominante soziale Institutionen. Während dies im Letzteren die Institution des Marktes und großer kapitalistischer Wirtschaftsorganisationen sei, werde der chinesische Transnationalismus von clanartigen Familien-Wirtschaftsunternehmen, konfuzianischen Kulturvorstellungen und Praktiken sowie der Fähigkeit zu transkultureller Mobilität bestimmt. Er entstehe, wenn »groups face problems of intercultural communication at first hand and confront the necessity of continually moving back and forth between different cultures, each to some extend spatially defined« (ebd.: 11).

Wie breit das Spektrum der Transnationalismus-Forschung inzwischen geworden ist, zeigt sich auch an den von Michael Peter Smith und Luis Eduardo Guarnizo 1999 und von Ludger Pries 2000 herausgegebenen Anthologien.[21] Smith/Guarnizo argumentieren, internationale Migration sei ein wichtiger Bestandteil des neuen »transnationalism from below« – so der programmatische Titel des Sammelbandes. Dieser stemme sich dem »transnationalism from above« entgegen, worunter der globale Kapitalismus als die Kontrolle und Herrschaft durch das Kapital und die Nationalstaaten verstanden wird. Hiermit wird die Aufmerksamkeit auf politische, kulturelle und soziale transnationale Praktiken gerichtet, die sich in netzwerkartigen Strukturen als Reaktion auf die »Transnationalisierung von oben« entwickeln. Nationalstaaten lösen sich dieser Argumentation zufolge also im Zuge von Globalisierung nicht auf, ihre Bedeutung kann sogar noch zunehmen (etwa im Sinne des Versuchs, Migrationsströme schärfer zu kontrollieren und zu restringieren). »Transnationalisierung von oben« und »Transnationalisierung von unten« stehen in einem dialektischen Verhältnis zueinander.

Der von Pries (2000) koordinierte Sammelband umfasst ebenfalls Beiträge, in denen internationale Migration und internationale Unternehmen behandelt werden. Im Gegensatz zu Smith/Guarnizo (1999) werden diese beiden Bereiche einander aber nicht als Transnationalisierung ›von unten‹ und ›von oben‹ gegenübergestellt – soweit eine solche Einteilung überhaupt sinnvoll ist, verläuft sie quer zu den beiden Wirklichkeitsbereichen von internationaler Migration und internationalen Wirtschaftsunternehmen. In Letzteren können sich z.B. sowohl auf Management- als auch auf Arbeitnehmerseite *transnationale soziale Räume* entwickeln. Es wird programmatisch vorgeschlagen, *transnationale soziale Räume* als einen Typus pluri-lokaler »sozialer Verflechtungszusammenhänge« (Elias 1986) zu verstehen. *Transnationale soziale Räume* sind danach relativ dauerhafte, auf mehrere Orte verteilte bzw. zwischen mehreren Flächenräumen sich aufspannende verdichtete Konfigurationen von sozialen Alltagspraktiken, Symbolsystemen und Artefakten. Sie sind weder de-lokalisiert noch de-territorialisiert.[22] *Transnationale soziale Räume* emergieren zusammen mit Transmigranten (und transnationalen Konzernen), beide bedingen einander (vgl. Pries 2000).

Nach dem Übergang von der nomadischen zur sesshaften Lebensweise entsteht mit der Transmigration eine neue, ›gebunden-nomadische‹ Lebensweise. Sie ist nomadisch, insofern sie dauerhaft nicht auf einen Platz fixiert ist. Sie ist gebunden, insofern sie in der Regel ein Wandern zwischen festen Plätzen impliziert und nicht das völlig ortsungebundene Umherschweifen. In dieser Perspektive auf Transnationalismus und Transmigration und durch die mit ihr verbundenen Rekonzeptualisierungen von Gesellschaft, Gemeinschaft und Nationalstaat erhält Migration einen neuen Stellenwert in der sozialwissenschaftlichen Diagnose gegenwärtiger sozialer Transformationen.

Schlussfolgerungen und Ausblick

Die klassische Migrationsforschung war auf die folgenden beiden Fragen fixiert: Wer wandert warum von einem nationalstaatlichen Container in einen anderen? Mit welchen Folgen für die Migranten sowie für die Ankunfts- und Herkunftsregionen bzw. -gesellschaften ist dies verbunden? Die neuere Migrationsforschung wirft hingegen ganz andere Fragen auf: In welchen sich wie verändernden und perpetuierenden Formen wandern unterschiedliche Typen von Migranten? Welche neuen, transnationalen sozialen Wirklichkeiten werden dadurch konstruiert? Mit dieser Feststellung soll keinerlei Wertung oder Gewichtung verbunden sein. Ganz offensichtlich erfordert eine möglichst umfassende Forschungsprogrammatik die Einbeziehung sowohl klassischer als auch neuer Perspektiven auf internationale Migrationsprozesse. Keines der hier vorgestellten Konzepte kann für sich beanspruchen, alle relevanten Aspekte erklären und/oder verstehen zu können. Ihre jeweiligen Vor- und Nachteile variieren mit dem Anwendungs- bzw. Verwertungszusammenhang. Die Entscheidung für einen Ansatz hängt von den spezifischen Erkenntnisinteressen, von den zur Verfügung stehenden Ressourcen und den Erfahrungen und Fähigkeiten der Forschenden ab.

Wer besonders an makrostrukturellen Voraussetzungen internationaler Migrationsprozesse interessiert ist, die ihre Wirkung häufig unbemerkt und gleichsam ›hinter dem Rücken‹ der individuellen und kollektiven Akteure entfalten, dem bieten neoklassische und Theorien der Neuen Ökonomie der Arbeitsmigration ebenso einen Rahmen wie diejenigen, die auf struktur- und systemorientierte Perspektiven und jene, die auf demographische und geographische ›Gesetzmäßigkeiten‹ abstellen. Auch die auf Migrationsnetzwerke und -kreisläufe, kumulative Verursachung, internationale Migrationssysteme und Globalisierung bezogenen Ansätze fokussieren vor allem darauf, Wirkungszusammenhänge zwischen Aggregatgrößen zu untersuchen, die vom Verhalten und Handeln individueller und kollektiver Akteure abstrahieren.

Dagegen setzen die Wert-Erwartungs-Theorie und die interpretativen Ansätze bei den individuellen Akteuren an, während die restlichen vorgestellten Theoriestränge vorrangig um eine Überbrückung bzw. Auflösung der Mikro/Makro-Dichotomie bemüht sind. Alle skizzierten Forschungsrichtungen zeichnen sich durch Unterschiede in ihren paradigmatischen und wissenschaftspolitischen ›Standpunkten‹ aus, und es ist auch durch eine intensivierte Diskussion nicht zu erwarten, dass sich diese Unterschiede verringern werden. Die Migrationsforschung wird auch in Zukunft ein plurales Feld bleiben.

Am Anfang des 21. Jahrhunderts ist eine Intensivierung der migrationssoziologischen Theoriediskussion gerade in

Deutschland besonders wichtig. Nach dem Ende der nationalsozialistischen Diktatur und ihrer Kriegswirtschaft wurden die vielfältigen Ursachen, Formen und Konsequenzen freiwilliger und unfreiwilliger Wanderungsbewegungen während und unmittelbar nach dem Zweiten Weltkrieg in der BRD kaum systematisch und breiter sozialwissenschaftlich diskutiert.[23]

In den 1970er Jahren wurde Migrationssoziologie hierzulande vor allem als »Gastarbeiterforschung« betrieben (Korte/Schmidt 1983b; Heckmann 1981; Reimann/Reimann 1987; Szell 1972). In diese Phase fallen die theoretisch und empirisch ambitionierten Arbeiten von Hoffmann-Nowotny (1970) und Esser (1980), die noch heute in Überblickswerken als die einschlägigen Bezugspunkte gelten (Nauck 1985; Treibel 1999; Han 2000). Ihr Fokus war während dieser Zeit auf die Stufen und Probleme der (weitgehend als Assimilation gedachten) sozialen Integration der »Gastarbeiter« in die deutsche Gesellschaft gerichtet. Was aus heutiger Sicht vielleicht als enge oder gar sozialkonservative Perspektive erscheinen mag (Beschränkung auf Folgen von Migration, Assimilation statt Multikulturalismus), war vor einem Vierteljahrhundert ein durchaus engagiertes Plädoyer gegen ein »Gastarbeiter«-Denken, das keinerlei Integrationsproblematik ausmachen wollte, weil die »Gäste« ja doch wieder zurückgehen würden.[24]

Während der 1980er Jahre flachte die wissenschaftliche Produktion und Diskussion der Migrationssoziologie in Deutschland dann stark ab. Unter den veränderten Bedingungen der deutschen Wiedervereinigung, massiver Asyl- und Fluchtmigration nach Deutschland, teilweise massiver Fremdenfeindlichkeit, des europäischen Einigungsprozesses und wirtschaftlicher, kultureller und sozialer Globalisierung in den 1990er Jahren lässt sich unlängst eine Revitalisierung der Migrationssoziologie in Theorie und Empirie ausmachen. Davon zeugen neu aufgelegte bzw. neue Einführungswerke wie Treibel (1999) und Han (2000), Überblicksstudien wie Lederer et al. (1999) und Informationszentrum Sozialwissenschaften (2000) oder auch die beachtliche wissenschaftliche Produktion von Forschungszentren wie dem *Institut für Migrationsforschung und Interkulturelle Studien* (IMIS) an der Universität Osnabrück, dem *europäischen forum für migrationsforschung* (efms) an der Universität Bamberg, dem *Ber-*

liner Institut für Vergleichende Sozialforschung (BIVS), dem *Forschungsinstitut der Friedrich-Ebert-Stiftung*, der *Forschungsstelle für interkulturelle Studien* an der Universität Köln, dem *Lehrstuhl Bevölkerungswissenschaften* an der Humboldt-Universität in Berlin oder dem *Landeszentrum für Zuwanderung Nordrhein-Westfalen* in Solingen.

Die jüngere Migrationsforschung weist auch viele theoretisch und methodisch innovative Arbeiten auf. So hat Faist (1995) unter Einbeziehung der Ergebnisse der jüngeren nordamerikanischen Forschung einen systematischen Vergleich der Einwanderungs- und Einbürgerungsproblematik bei Mexikanern in den USA und bei Türken in Deutschland vorgelegt. In Bade (1994) und Bade/Weiner (1997) finden sich historisch orientierte und vergleichende Beiträge über die Migrationsdynamik in Deutschland und den USA (zu neueren USA-Deutschland-Vergleichen siehe auch Bös [1997] und DAAK [1997]). Ebenso wie diese konzentrieren sich – allerdings in einer europäischen Vergleichsperspektive – die Arbeiten z.B. von Thränhardt (1997) und in Rudolph/Morokvasic (1993) sowie in Morokvasic/Rudolph (1994) auf die neue Migrationssituation der 1990er Jahre. Das Thema Migration und Ethnizität wurde in verschiedenen Studien theoretisch und empirisch behandelt (z.B. Heckmann 1992; Bade 1996; Hettlage et al. 1997; Heitmeyer 1997). Ein bisher wenig beachtetes Forschungsfeld wurde auch mit – zum Teil sehr innovativen – Untersuchungen zur sog. illegalen Einwanderung erschlossen (z.B. Alt 1999; Cyrus 1999; Eichenhofer 1999). Schließlich wurden auch verstärkt die geschlechtsspezifischen Voraussetzungen, Formen und Folgen internationaler Migration thematisiert (Arbeitsgruppe 501 1993; Miera 1996; Schöttes/Treibel 1997; Kramer 1997).

Dies sind sicherlich nur wenige Beispiele für die Expansion der Migrationsforschung in Deutschland seit dem letzten Jahrzehnt des 20. Jahrhunderts. Eine damit einhergehende ›neue Unübersichtlichkeit‹ zeigt sich unter anderem auch daran, dass es gegenwärtig offensichtlich schwer ist, sich wechselseitig in genügendem Umfang zur Kenntnis zu nehmen.[25] Das Feld der Migrationsforschung ist zum Beginn des 21. Jahrhunderts so bewegt, dass eindeutige Orientierungen bezüglich des theoretischen und empirischen Erkenntnis- und Diskussionsstandes schwierig sind.

Daraus ergibt sich gerade für Deutschland eine *dreifache* Aufgabe: erstens den *state of the art* der internationalen Migrationsforschung sowie die bereits vorliegenden diesbezüglichen Erkenntnisse zu sichten und darüber eine interdisziplinäre sozialwissenschaftliche Debatte zu führen (vgl. als Beispiel Massey et al. 1999), zweitens die jüngsten Fortschritte in der Theorie und Empirie deutscher Migrationsforschung systematischer als bisher geschehen aufzuarbeiten und auch hierüber einen *scientific community* konstituierenden Diskurs zu führen und drittens mit konzeptionell und methodisch innovativen Forschungsprogrammen die neue gesellschaftliche Migrationswirklichkeit nach dem Ende der Zweiteilung Europas empirisch weiter zu untersuchen.

Mit Blick auf diese Herausforderungen lassen sich – bei aller methodischen und paradigmatischen Vielfalt – einige Desiderata formulieren. Zunächst einmal gilt allgemein, dass die hier unter »Neuere Ansätze der Forschung über internationale Migration« behandelten Perspektiven im deutschsprachigen Raum weder theoretisch breiter rezipiert und diskutiert noch in empirischen Forschungen in größerem Maße umgesetzt wurden. Auch wenn man der nordamerikanischen Soziologie gegenüber eher distanziert eingestellt sein mag – auf dem Gebiet der Migrationsforschung kann Europa und speziell Deutschland sehr viel von den USA lernen. Hinsichtlich der konzeptuellen Diskussion gibt es ein beachtliches *time lag* zwischen der nordamerikanischen und der deutschen Migrationssoziologie. Diese Diskrepanz hängt meines Erachtens sehr stark mit der öffentlich-politischen Thematisierung internationaler Migration zusammen. Deutschland war im Selbstverständnis der Mehrheit seiner Bürger und seiner Politiker bis in die 1990er Jahre hinein – kontrafaktisch – kein Einwanderungsland. Der politische Richtungsstreit konzentrierte sich lange Zeit auf die Frage, ob aus ›Gastarbeitern‹ überhaupt ›Mitbürger‹ werden sollten. Erst langsam verschiebt sich der Diskurs auf die Frage, was denn unter den gegebenen Umständen als ›soziale Integration von Migranten‹ verstanden werden soll und wie diese für die Betroffenen verbessert werden könnte.

Es ist weiterhin äußerst umstritten, inwieweit sich Deutschland überhaupt als eine multikulturelle und multiethnische Gesellschaft versteht und verstehen sollte (Heckmann 1992; Mintzel 1997). Wie verschiedentlich aus sozialwissenschaftlicher Sicht festgestellt wurde (Collinson 1994; Miles/Tränhardt 1995; Angenendt 1997), ist eine Europäisierung von Themen wie Zuwanderung, multikulturelle Sozialräume oder Integration bisher vorwiegend im restriktiven Sinne von Beschränkung und Kontrolle, nicht aber zivilgesellschaftlich erfolgt. Vieles spricht dafür, dass sozialwissenschaftliche und speziell soziologische Migrationsforschung hier in Zukunft eine wichtigere Rolle spielen kann als dies in der Vergangenheit der Fall war. Die Entwicklung und Diskussion von Szenarien und politischen Gestaltungsoptionen internationaler Migration sollte dabei darauf aufbauen, in einer Perspektive von Globalisierung und Transnationalismus die vorhandenen Migrationsströme[26] im Weltmaßstab und im europäischen Kontext sowie die hierdurch geschaffenen sozialen Wirklichkeiten und Problemlagen zu untersuchen.

Hierbei muss sich die Soziologie mit ihren spezifischen Theorie- und Methodenressourcen in die zunehmend interdisziplinär und transnational organisierte Migrationsforschung einbringen. Dabei wird die Erforschung des Verhältnisses von Raum und Sozialem ein zentrale Rolle spielen (vgl. Albrow et al. 1997; Pries 1999), um das bislang dominante ›Container-Modell‹ überwinden zu können.

Mit den modernen Nationalstaaten entwickelte sich seit dem 18. Jahrhundert eine neue Balance zwischen flächen- und sozialräumlichen Konfigurationen. *Nationalgesellschaften* wurden zu *der* geographischen *und* sozialen Bezugseinheit sozialwissenschaftlicher Reflexion und politischer Gestaltung schlechthin. Auch wenn die Nationalstaaten aus gewaltsamen Konflikten und Kriegen hervorgegangen waren, wurde das Prinzip nationalstaatlicher Souveränität im 19. und 20. Jahrhundert zum entscheidenden *movens* des weltweiten Zusammenlebens. Nationalstaaten definierten die flächenräumlichen Extensionen der legitimen physischen Gewaltsamkeit als einheitliche Territorien und die souveränen Staatsvölker mit ihren spezifischen ethnischen Demarkationen, Sozialstrukturen und sozialen Ordnungen als Nationalgesellschaften.

Auf diese Weise entstanden (die Bilder von) Nationalstaaten und Nationalgesellschaften als *ineinander verschachtelte Flächen- und Sozialräume*, die man als *Container-Gesellschaften* bezeichnen kann. Das Verhältnis von Flächen- und Sozialraum wurde hierbei als doppelt kongruent und exklusiv betrachtet: In einer flächenräumlichen Extension (Nationalstaat) gibt es eine und nur eine sozialräumliche Extension (Nationalgesellschaft); umgekehrt entspricht jede sozialräumliche Extension (Nationalgesellschaft) einer und nur einer unilokalen Flächenextension (Nationalstaat). Die Tatsache sozialräumlicher (z.B. ethnischer oder sprachlich-kultureller) Pluralität in einem Nationalstaat als Flächenraum wurde geleugnet, mit fanatischem ›Nationalismus‹ bekämpft und/oder als vorübergehendes Phänomen im ›Schmelztiegel zur modernen integrierten Nationalgesellschaft‹ interpretiert. Umgekehrt wurde die flächenräumliche Pluralität von Sozialräumen (jüdische Diaspora, Logenverbindungen etc.) als transitorisch und/oder problematisch im Hinblick auf ›gesellschaftliche Integration‹ angesehen.

Sicherlich ließe sich darüber streiten, wie erklärungsmächtig diese Denk- und Argumentationsfigur von Nationalstaat und Nationalgesellschaft als ineinander verschachtelte Flächen- und Sozialräume ist. Auf die USA z.B. trifft sie weitaus weniger zu als auf die meisten europäischen Länder – der um die Jahrhundertwende besonders intensive, aber bis heute andauernde Immigrationsschub und die damit verbundenen (z.B. von der *Chicago School* untersuchten) Probleme des US-amerikanischen *melting pot* ließen nur eine dünne Decke nationalstaatlicher Vergesellschaftung entstehen. Doch viele international vergleichende Studien belegen die enorme Bedeutung des nationalstaatlichen Bezugs für die Ausdifferenzierung der sozialen Welt (Familie, Geschlechterrollen, Erwerbsarbeit von Frauen, Beruflichkeit von Arbeit, Lebensstile sozialer Gruppen etc.).

Aber erstens wird die nationalgesellschaftliche Prägung von Sozialräumen allzu häufig als dominant unterstellt und nur selten im Verhältnis zu sub- und supranationalen Strukturen untersucht. Zweitens scheint sich die doppelt exklusive Verschachtelung von Sozial- und Flächenraum in zwei Richtungen hin zu relativieren. Einerseits können sich unterschiedliche und kaum mehr durch soziale Praktiken oder Symbolsysteme miteinander verbundene Sozialräume in einem Flächenraum gleichsam ›aufstapeln‹ (z.B. durch Ghettoisierung in multikulturellen Großstädten). Andererseits können sich soziale Räume – z.B. im Zusammenhang von Transmigration – zunehmend pluri-lokal zwischen verschiedenen Flächenräumen und über diese hinweg aufspannen.

Unabhängig davon scheinen die Nationalgesellschaften zu Beginn des 21. Jahrhunderts ›nach oben‹ (Stichwort: Globalisierung) und ›nach unten‹ (Stichwort: Regionalisierung) an Bedeutung einzubüßen. Internationale Interventionen in Afrika und den Staaten des ehemaligen Jugoslawien stellten die nationalstaatliche Souveränität massiv in Frage. Die nationalstaatlich verfassten Container-Gesellschaften als Sozialräume werden zunehmend ›durchlöchert‹ von transnationalen sozialen Praktiken, Symbolen und Artefakten, die sich als pluri-lokale Netzwerke stabilisieren. Die Sozialräume verdichteter institutionalisierter Verflechtungsbeziehungen, für die sich die Soziologie angesichts von Globalisierung besonders interessiert, sind in der Regel nicht global im Sinne einer ubiquitären oder de-lokalisierten Ausdehnung, sondern vielmehr transnational im Sinne relativ dauerhafter pluri-lokaler Extensionen.

Migration spielt in der hier skizzierten Restrukturierung des Verhältnisses von Raum und Sozialem eine herausragende Rolle. Transmigration ist nicht mehr nur inter-nationale Migration im Sinne des einmaligen Wechsels aus einem nationalgesellschaftlichen Container in einen anderen, sondern eine moderne nomadische Lebensform, die zwar in konkreten flächenräumlichen Extensionen verankert (und insofern nicht de-lokalisiert) ist, deren soziale Praktiken, Symbole und Artefakte sich aber in pluri-lokalen Sozialräumen oberhalb und jenseits der nationalen Container-Gesellschaften aufspannen (vgl. Pries 2000).

Neue Phänomene wie die Transmigration lassen sich nur angemessen erforschen, wenn dafür auch neue theoretische Konzepte entwickelt werden. Viele der oben skizzierten neuen Ansätze der internationalen Migrationsforschung geben wertvolle Impulse in diese Richtung. Nimmt die Migrationssoziologie diese Herausforderung an, so kann sie aus einer eher randständigen Position in das Zentrum soziologischer Gegenwartsdiagnose rücken.

Anmerkungen

1 Der Ausdruck ›Container‹ wurde von Albert Einstein (1960) in seiner Kritik an mechanistischen Raumkonzepten benutzt.

2 Vgl. auch Han 2000 und als Einstieg in Internet-Ressourcen zum Thema Migration: www.bonn.iz-soz.de/themen/migration/, www.demographie.de, www.imis.uni-osnabrueck.de und www.uni-bamberg.de/~ba6ef3/doksta_d.htm.

3 Vgl. in dieser Tradition Korte 1983a; Esser/Friedrichs 1990; Blanke 1993; für die USA Portes 1996; kritisch zu dieser Perspektive auch Bommes 1999; dagegen werden die Ursachen, Dynamiken und Formen internationaler Migration selbst breiter behandelt in Rudolph/Morokvasic 1993; Blaschke 1994; Nuscheler 1995; Santel 1995; Treibel 1999; Han 2000; für den englischsprachigen Raum vgl. als einführende Überblicke Portes 1995; Cohen 1996a und 1996b; Massey et al. 1998.

4 Ich danke Norbert Cyrus und Annette Treibel sowie Karin Werner und den anderen Kolleginnen und Kollegen des transcript-Verlages für wertvolle Kritik und Anregungen zu diesem Text.

5 In der Perspektive der Wert-Erwartungs-Theorie würde Yilmaz nun die Wahrscheinlichkeit einer direkten Einkommensverbesserung für seinen Haushalt (z.B. p_1=0,8) mit dem relativen Wert, den dieser ökonomische Aspekt der Migrationsentscheidung für ihn hat (z.B. w_1=0,7), multiplizieren (Produktfaktor f_1=0,56). Hierzu würde er das Produkt (f_2=0,36) aus der Eintrittswahrscheinlichkeit eines sozialen Nutzens der Arbeitsmigration (p_2=0,9) und dem von ihm zugewiesenen entsprechenden relativen Wert (p_2=0,4) sowie das entsprechende Produkt (f_3=0,27) aus Eintrittswahrscheinlichkeit (p_3=0,3) und subjektivem Wert (w_3=0,9) einer psychischen Zufriedenheit addieren. Von der so erhaltenen Produktsumme (f_{1-3}=1,19) würde Yilmaz schließlich – nach dem gleichen Verfahren – die Kosten subtrahieren, die nach seinen Wertungen und Wahrscheinlichkeitskalkülen mit der Entscheidung zur Arbeitsmigration verbunden wären (z.B. die Möglichkeit einer niedrigen Lohneinstufung bei Ford oder höherer als der angenommenen Lebenshaltungskosten, die Gefahr einer Entfremdung von seiner Frau und seinen Kindern, die Wahrscheinlichkeit des Ansehensverlustes im Dorf im Falle eines Scheiterns seiner Arbeitswanderung etc.). Den so erhaltenen Wert für die Entscheidung A (zur

Arbeitsaufnahme bei Ford nach Köln zu migrieren) würde er schließlich vergleichen mit den entsprechenden Werten für die in Frage kommenden Handlungsalternativen B (nichts an seinen Erwerbsverhältnissen zu verändern) und C (nicht nach Köln, sondern in die Landeshauptstadt Istanbul zu migrieren und dort durch Vermittlung eines Verwandten Arbeit in einer Textilfabrik oder in der Bauindustrie zu finden).

6 Erst durch die Konstruktion theoriegeleiteter »Brückenannahmen«, so die Argumentation von Kelle/Lüdemann (1995), ließen sich die ansonsten »leeren« (ebd.: 249) Rational Choice Theorien gesellschaftstheoretisch aufladen; vgl. zu dieser Problematik auch Lindenberg 1996 und Kelle/Lüdemann 1996 sowie kritisch Eder/Schmidtke 1998.

7 Diese Annahme erinnert sehr stark an das oben erwähnte Konzept der *relativen Deprivation* (Stark 1984) – sie wurde allerdings viel früher formuliert und Stark nimmt (sicherlich aus Unkenntnis) in seinen Veröffentlichungen nicht Bezug auf Hoffmann-Nowotnys Arbeiten.

8 Für eine historische Perspektive internationaler Arbeitsmigraton vgl. z.B. Castles/Miller 1993; Hoerder/Blank 1994; Holms 1996; als Beispiel für eine marxistische Analyse der italienischen Arbeitsmigration vgl. Cinanni 1974.

9 Im Gegensatz zu Mabogunje 1970 – der im Übrigen bezeichnenderweise von Bommes 1999 nicht einmal zitiert wird – und anderen weiter unten vorgestellten Autoren, die von Migrationsphänomenen und -forschungen ausgehen und in der Systemtheorie erklärungskräftige Erklärungsangebote finden, geht Bommes von der Annahme aus, »dass man Migration soziologisch nicht als theoretisch interessantes Problem formulieren kann, wenn man Wanderung zu direkt als konkretes, quasi ›physisches Phänomen‹ behandelt, sondern versuchen muss, es über abstrakte, auf die Struktur von Gesellschaft beziehbare Begriffe theoretisch […] einzuführen« (ebd.: 37).

10 Das Beispiel von Naturkatastrophen (die nicht unmittelbar durch den Treibhauseffekt etc. wiederum menschlichen Eingriffen geschuldet sind) oder geographisch-räumlichen Ausprägungen zeigt, dass es auch nicht sozial produzierte ›objektive Tatsachen‹ gibt, die die Rah-

menbedingungen von Migrationsprozessen nachhaltig beeinflussen können.

11 »The term migration seems clearest when defined in the light of the demographic balancing equation: Pt=Po+B-D+IM-OM, where Pt=population at the close of interval, Po=population at the beginning of the intervall, B=number of births in the interval, D=number of deaths in the interval, IM=number of in-migrants in the interval, OM=number of out-migrants in the interval« (Lewis 1982: 6).

12 Bis heute sind die Studien von Thomas/Znaniecki 1958 über polnische Migration in die USA in ihrer Breite *und* Tiefe in mancher Hinsicht unübertroffen.

13 Vgl. zum Migrantennetzwerk-Begriff Durand/Massey 1992: 17 und Massey et al. (1994: 728): »Migrant networks are sets of interpersonal ties that connect migrants, former migrants, and nonmigrants in origin and destination areas through ties of kinship, friendship, and shared communitiy origin.«

14 Überall dort, wo die sozial-räumlichen Einheiten der wirtschaftlichen und Wohnlebensgemeinschaft nicht mit dem klassischen Konzept der Zwei- oder Drei-Generationen-*Familie* angemessen erfasst werden können – und dies gilt für fast alle Länder der Welt (außer den nordwestlichen industriekapitalistischen!) – ist der *Haushalt* die präferierte Untersuchungseinheit für Migrationsstudien. Bei sehr flexiblen Haushaltsstrukturen ergeben sich aber auch hierbei methodische Probleme, z.B. bei der Definition des Haushaltsvorstands.

15 Cohen 1997 und van Hear 1998 entwickeln ein breiteres Konzept von Migranten-Diasporas, das unmittelbar ›anschlussfähig‹ zu den weiter unten zu behandelnden *transnational community*- und Transmigrations-Ansätzen ist.

16 Einige Untersuchungen legen die Vermutung nahe, dass Geldüberweisungen von Migranten zunächst den Effekt haben, die in den Herkunftsregionen bestehenden Einkommensunterschiede zu akzentuieren, dann aber – bei massenhafter Migration – in einer zweiten Phase eher egalisierende Wirkungen entfalten; andere Studien kamen zu genau gegenteiligen Befunden, vgl. Massey et al. 1994: 735.

17 Vgl. neben der historisch orientierten Studie von Zolberg/Smith 1996 z.B. zur US-amerikanischen Gesetzgebung Bean et al. 1990; und allgemein Binational Study 1998; für den Vergleich USA-Deutschland in der Perspektive von Migrationssystemen und Wohlfahrtsstaat vgl. Kurthen et al. 1998; ein breites Spektrum zu Migration und Lateinamerika kritisch in Gabbert et al. 1999.

18 Dies gilt z.B. für den Anwerbestop für »Gastarbeiter« in Deutschland von 1973 (vgl. Treibel 1999) oder das IRCA-Gesetz (*Immigration Reform and Control Act*) in den USA von 1986 (vgl. Bean et al. 1990).

19 Die marxistisch inspirierte, im Ausland als »German Ableitungsdebatte« bekannte Diskussion der 1970/80er Jahre versuchte, die Funktionen des Staates in der modernen kapitalistischen Gesellschaft und in der Tendenz alle empirisch beobachtbaren sozialwissenschaftlich relevanten Phänomene aus den Funktionsgesetzmäßigkeiten des Kapitalismus »abzuleiten« – was natürlich zu einer manchmal intelligenten, aber recht hermetischen und für empirische Überraschungen nicht mehr offenen Diskurstradition führte. Vgl. für unseren Zusammenhang Fröbel et al. 1977 und 1986. Manchmal kann man heute bei Anhängern der luhmannschen Systemtheorie dem Ableitungsdenken verwandte Argumentationstendenzen beobachten.

20 Das Thema »Geschlechterverhältnisse und Migration« wurde lange Zeit in der Migrationsforschung und auch der Migrationstheorie sträflich vernachlässigt. Frauen stellen aber nach Angaben des Internationalen Arbeitsamtes in Genf weltweit etwa die Hälfte aller Migrierenden, bei Fluchtmigration ist ihr Anteil noch weit höher. In Deutschland hat sich der Anteil von Frauen an der Gesamtzahl der Ausländer mit etwa 45 Prozent stark erhöht, vgl. Lederer 1997: 22 und Lederer et al. 1999: 9ff.; zu empirischen Befunden vgl. auch Herwartz-Emden 1999; Weidacher 2000 und Frieben-Blum et al. 2000. Theoretische Reflexionen finden sich bei Goldring 2000 und in der dort zitierten Literatur.

21 Bezogen auf Deutschland vgl. Mandel/Wilpert 1994 für Migration aus der Türkei, Cyrus 1997 für Migration aus Polen; allgemein Dominik et al. 1999; Ha 1999; Frieben-Blum et al. 2000.

22 Zur Diskussion der Begriffe Flächenraum, Sozialraum, Ort, Territorium, *local, place* etc. vgl. Giddens 1985; Haller 1994 und Pries 1999.

23 Vgl. etwa die Beiträge zur Sozialanthropologie, der Bevölkerungslehre und den Naturvölkern im Handbuch der Soziologie (Werner Ziegenfuss [Hg.] 1956) und zu den Themen Wanderungen und Wanderungsmobilität im Wörterbuch der Soziologie (Wilhelm Bernsdorf [Hg.] 1969); erst wesentlich später erschienen die umfassenden Arbeiten von Herbert (1986 und 1999) zu diesem Themenbereich.

24 Parallelen zu dieser Sichtweise fanden sich noch im Jahr 2000 im Zusammenhang der Diskussion um die *Green Card* für Informationstechniker.

25 So werden in dem als Einführung und Überblick zur Soziologie der Migration gedachten Band von Han 2000 weder das vielzitierte Buch von Treibel 1999 noch andere einschlägige jüngere soziologische Veröffentlichungen auch nur erwähnt.

26 Interessant ist in diesem Zusammenhang die Studie von Alt 1999 über Migranten in Deutschland, die keine gültigen Aufenthaltsdokumente haben (deren Zahl schätzt der Autor immerhin auf über 1 Mio.); vgl. auch Eichenhofer 1999.

Literatur

Albrow, Martin/Eade, John/Dürrschmidt, Jörg/Washbourne, Neil (1997): »The impact of globalization on sociological concepts: community, culture and milieu«. In: John Eade (Hg.), *Living the Global City*, London, New York/NY: Routledge, S. 20–36.

Alt, Jörg (1999): *Illegal in Deutschland*, Karlsruhe: von Loeper.

Anderson, Benedict (1983): *Imagined Communities: Reflections on the Origins and Spread of Nationalism*, New York/NY: Verso.

Angenendt, Steffen (Hg.) (1997): *Migration und Flucht. Aufgaben und Strategien für Deutschland, Europa und die internationale Gemeinschaft*, München: Oldenbourg Verlag (gleichzeitig Schriftenreihe Band 342 der Bundeszentrale für politische Bildung).

Bade, Klaus J. (1994): *Homo Migrans. Wanderungen aus und nach Deutschland*, Essen: Klartext Verlag.

Bade, Klaus J. (1996): *Migration – Ethnizität – Konflikt. Systemfragen und Fallstudien*, Osnabrück: Universitätsverlag rasch.

Bade, Klaus J./Weiner, Myron (Hg.) (1997): *Migration Past, Migration Future. Germany and the United States*, Providence/RI: Berghahn Books.

Basch, Linda/Glick Schiller, Nina/Szanton Blanc, Cristina (1997): *Nations Unbound. Transnational Projetcs, Postcolonial Predicaments, and Deterritorialized Nation-States*, Amsterdam: Gordon and Breach (4. Auflage, Erstauflage 1994).

Bean, Frank D./Edmonston Barry/Passel Jeffrey S. (Hg.) (1990): *Undocumented Migration to The US: IRCA and the Experience of the 80*, Washington/DC: The Urban Institute Press.

Bernsdorf, Wilhelm (Hg.) (1969): *Wörterbuch der Soziologie*, Stuttgart: Enke.

Binational Study/Estudio Binacional (1998): *Migration Between Mexico & the United States/México-Estados Unidos sobre Migracion*, Mexico City, Washington/DC: Mexican Ministry of Foreign Affairs/U.S. Commission on Immigration Reform.

Blanke, Bernhard (Hg.) (1993): *Zuwanderung und Asyl in der Konkurrenzgesellschaft*, Opladen: Leske + Budrich.

Blaschke, Jochen (1994): »Internationale Migration: Ein Problemaufriss«. In: Manfred Knapp (Hg.), *Migration im neuen Europa*, Stuttgart: Steiner, S. 23–50.

Bommes, Michael (1999): *Migration und nationaler Wohlfahrtsstaat. Ein differenzierungstheoretischer Entwurf*, Opladen: Westdeutscher Verlag.

Borjas, George J. (1989): »Economic Theory and International Migration«. *International Migration Review*, XXIII/3, S. 457–485.

Bourdieu, Pierre (1985): *Sozialer Raum und »Klassen«. Leçon sur la leçon. Zwei Vorlesungen*, Frankfurt/M.: Suhrkamp.

Boyd, Monica (1989): »Family and Personal Networks in International Migration: Recent Developments and New Agendas«. *International Migration Review* XXIII/3, S. 638–670.

BRUBAKER, ROGERS (1994): *Citizenship and Nationhood in France and Germany*, Cambridge, London: Harvard University Press (2. Aufl., Erstausgabe 1992).

CHANEY, ELSA MAE (1985): *Migration from the Caribbean Region: Determinants and Effects of Current Movements*, Hemispheric Migration Project, Intergovernmental Committee for Migration (ICM) and Georgetown University/Center for Immigration Policy and Refugee Assistance.

CADWALLADER, MARTIN T. (1992): *Migration and Residential Mobility. Macro and Micro Approaches*, Madison/WI: The University of Wisconsin Press.

CASTLES, STEPHEN/MILLER, MARK J. (1993): *The Age of Migration. International Population Movements in the Modern World*, London: Macmillan.

CINANNI, PAOLO (1974): *Emigration und Arbeitereinheit. Zur Problematik der »Gastarbeiter«*, Frankfurt/M.: Cooperative.

COHEN, ROBIN (1996a): *Theories of Migration* (The International Library of Studies on Migration 1), Cheltenham, Brookfield: Elgar.

COHEN, ROBIN (1996b): *The Sociology of Migration* (The International Library of Studies on Migration 3), Cheltenham, Brookfield: Elgar.

COHEN, ROBIN (1997): *Global Diasporas. An Introduction*, Seattle/WA: University of Washington Press.

COLEMAN, JAMES S. (1988): »Social Capital in the Creation of Human Capital«. *American Journal of Sociology* 94, S. 95–120.

COLLINSON, SARAH (1994): *Europe and International Migration*, New York/NY, London: Pinter Publishers.

CYRUS, NORBERT (1997): »Den Einwanderungskontrollen entgangen. Bestandsaufnahme und Anmerkungen zur unkontrollierten Zuwanderung in die Bundesrepublik Deutschland am Beispiel polnischer Staatsangehöriger«. In: CLAUDIA LEPP/BARBARA DANCKWORTT (Hg.), *Von Grenzen und Ausgrenzung: Interdisziplinäre Beiträge zu den Themen Migration, Minderheiten und Fremdenfeindlichkeit*, Marburg: Schüren, S. 35–56.

CYRUS, NORBERT (1999): *Formen der grenzüberschreitenden Migration: Einwanderung und Mobilität am Beispiel Polen* (Manuskript Berlin).

DEUTSCH-AMERIKANISCHES AKADEMISCHES KONZIL/GERMAN-

AMERICAN ACADEMIC COUNCIL FOUNDATION (1997): *Deutsche und Amerikanische Migrations- und Flüchtlingspolitik*, Bonn, Washington/DC: DAAK/GAAC.

DITTGEN, HERBERT (1998): »Volk Nation or Nation of Immigrants? The Current Debate about Immigration in the United States and Germany in Comparative Perspecitve«. In: HERMANN KURTHEN/JÜRGEN FIJALKOWSKI/GERT G. WAGNER (Hg.), *Immigration, Citizenship, and the Welfare State in Germany and the United States* (Part B), Stanford/CA, London: JAI Press, S. 107–139.

DOERINGER, PETER B./PIORE, MICHAEL J. (1971): *Internal Labour Markets and Manpower Analysis*, Lexington/MA: D.C. Heath and Co.

DOMINIK, KATJA/JÜNEMANN, MARC/MOTTE, JAN/REINECKE, ASTRID (Hg.) (1999): *Angeworben, eingewandert, abgeschoben. Ein anderer Blick auf die Einwanderungsgesellschaft Bundesrepublik Deutschland*, Münster: Westfälisches Dampfboot.

DURAND, JORGE/MASSEY, DOUGLAS S. (1992): »Mexican Migration to the USA«. *Latin American Research Review* 27/2, S. 3–42.

DURKHEIM, EMILE (1893/1988): *Über soziale Arbeitsteilung*, Frankfurt/M.: Suhrkamp.

EICHENHOFER, EBERHARD (Hg.) (1999): *Migration und Illegalität* (IMIS-Schriften Band 7), Osnabrück: Universitätsverlag rasch.

EINSTEIN, ALBERT (1960): »Vorwort«. In: MAX JAMMER, *Das Problem des Raumes. Die Entwicklung der Raumtheorien*, Darmstadt: Wissenschaftliche Buchgesellschaft, S. XI–XV.

ELIAS, NORBERT (1986): *Was ist Soziologie?* Weinheim, München: Juventa Verlag (5. Aufl.).

ESPINOSA, KRISTIN/MASSEY, DOUGLAS S. (1997): »Undocumented Migration and the Quantity and Quality of Social Capital«. In: LUDGER PRIES (Hg.), *Transnationale Migration*, Sonderband 12 der Zeitschrift *Soziale Welt*, Baden-Baden: Nomos, S. 141–162.

ESSER, HARTMUT (1980): *Aspekte der Wanderungssoziologie. Assimilation und Integration von Wanderern, ethnischen Gruppen und Minderheiten*, Darmstadt, Neuwied: Luchterhand.

ESSER, HARTMUT/FRIEDRICHS, JÜRGEN (Hg.) (1990): *Generation und Identität. Theoretische und empirische Beiträge zur Migrationssoziologie*, Opladen: Westdeutscher Verlag.

FAIST, THOMAS (1995): *Social Citizenship for Whom? Young Turks in Germany and Mexican Americans in the United States*, Aldershot: Avebury.

FAIST, THOMAS (1999): »Developing Transnational Social Spaces: The Turkish-German Example«. In: LUDGER PRIES (Hg.), *Migration and Transnational Social Spaces*, Aldershot: Ashgate, S. 36–72.

FAIST, THOMAS (2000): »Transnationalization in International Migration: Implications for the Study of Citizenship and Culture«. *Ethnic & Racial Studies* 23/2, S. 189–222.

FAWCETT, JAMES T. (1989): »Networks, Linkages, and Migration Systems«. *International Migration Review*, XXIII/3, S. 671–680.

FIJALKOWSKI, JÜRGEN (Hg.) (1990): *Transnationale Migranten in der Arbeitswelt*, Berlin: sigma.

FRIEBEN-BLUM, ELLEN/JACOBS, KLAUDIA/WIESSMEIER, BRIGITTE (Hg.) (2000): *Wer ist fremd? Ethnische Herkunft, Familie und Gesellschaft*, Opladen: Leske + Budrich.

FRANK, ANDRÉ GUNDER (1969): *Kapitalismus und Unterentwicklung in Lateinamerika*, Frankfurt/M.: Suhrkamp.

FRÖBEL, FOLKER/HEINRICHS, JÜRGEN/KREYE, OTTO (1977): *Die neue internationale Arbeitsteilung. Strukturelle Arbeitslosigkeit in den Industrieländern und die Industrialisierung der Entwicklungsländer*, Reinbek: Rowohlt.

FRÖBEL, FOLKER/HEINRICHS, JÜRGEN/KREYE, OTTO (1986): *Umbruch in der Weltwirtschaft. Die globale Strategie: Verbilligung der Arbeitskraft/Flexibilisierung der Arbeit/Neue Technologien*, Reinbek: Rowohlt.

GABBERT, KARIN/GABBERT, WOLFGANG/HOFFMANN, GERT ET AL. (Hg.) (1999): *Migrationen. Lateinamerika – Analysen und Berichte 23*, Bad Honnef: Horlemann.

GIDDENS, ANTHONY (1985): »Time, Space and Regionalisation«. In: DEREK URRY/JOHN URRY (Hg.), *Social Relations and Spatial Structures*, Basingstoke, London: Macmillan, S. 265–295.

GLICK SCHILLER, NINA/BASCH, LINDA/BLANC-SZANTON, CRISTINA (Hg.) (1992): *Towards a Transnational Perspective on Migration: Race, Class, Ethnicity, and Nationalism Reconsidered*, New York/NY: New York Academy of Sciences.

GOLDRING, LUIN (1996): »Blurring the Border: Transnational

Community and Social Transformation in Mexico-U.S. Migration«. In: DAN A. CHEKKI (Hg.), *Research in Community Sociology VI*, Stanford/CA, London: JAI Press.

GOLDRING, LUIN (1997): »Power and Status in Transnational Social Spaces«, In: LUDGER PRIES (Hg.), *Transnationale Migration*, Sonderband 12 der Zeitschrift *Soziale Welt*, Baden-Baden: Nomos, S.179–196.

GOLDRING, LUIN (2000): »Disagregating Transnational Social Spaces: Gender, Place and Citizenship in Mexico-U.S. Transnational Spaces«. In: LUDGER PRIES (Hg.), *New Transnational Social Spaces. International Migration and Transnational Companies*, London: Routledge (forthcoming).

GRASMUCK, SHERRI/PESSAR, PATRICIA B. (1991): *Between Two Islands: Dominican International Migration*, Berkeley/CA: University of California Press.

HA, KEIN NGHI (1999): *Ethnizität und Migration*, Münster: Westfälisches Dampfboot.

HALLER, DIETER (1994): *Feld, Lokalität, Ort, Territorium: Implikationen der kulturanthropologischen Raumterminologie*, Berlin: Wissenschaftszentrum (Paper FS II 94–101).

HAN, PETRUS (2000): *Soziologie der Migration*, Stuttgart: Lucius & Lucius.

HARBACH, HEINZ (1976): *Internationale Schichtung und Arbeitsmigration*, Reinbek: Rowohlt.

HEAR, NICHOLAS VAN (1998): *New Diasporas. The Mass Exodus, Dispersal and Regrouping of Migrant Communities*, London: University College London.

HECKMANN, FRIEDRICH (1981): *Die Bundesrepublik: Ein Einwanderungsland? Zur Soziologie der Gastarbeiterbevölkerung als Einwandererminorität*, Stuttgart: Enke.

HECKMANN, FRIEDRICH (1992): *Ethnische Minderheiten, Volk und Nation. Soziologie inter-ethnischer Beziehungen*, Stuttgart: Enke.

HEISLER, MARTIN O. (1992): »Migration, International Relations and the New Europe: Theoretical Perspectives from Institutional Political Sociology«. *International Migration Review* XXVI/2, S. 596–622.

HEITMEYER, WILHELM (Hg.) (1997): *Was treibt die Gesellschaft auseinander? Bundesrepublik Deutschland: Auf dem Weg von der Konsens- zur Konfliktgesellschaft*, Frankfurt/M.: Suhrkamp.

HELD, DAVID/MCGREW, ANTHONY/GOLDBLATT, DAVID/PERRATON, JONATHAN (1999): *Global Transformations. Politics, Economic and Culture*, Stanford/CA: University of California Press.

HERBERT, ULRICH (1986): *Geschichte der Ausländerbeschäftigung in Deutschland 1880 bis 1980. Saisonarbeiter, Zwangsarbeiter, Gastarbeiter*, Berlin, Bonn: Dietz.

HERBERT, ULRICH (1999): *Fremdarbeiter. Politik und Praxis des »Ausländereinsatzes« in der Kriegswirtschaft des Dritten Reiches*, Bonn: Dietz.

HERNÁNDEZ-LEÓN, RUBÉN/ZÚÑIGA, VÍCTOR (2000): »›Making Carpet by the Mile‹: The Emergence of a Mexican Immigrant Community in an Industrial Region of the U.S. Historic South«. *Social Science Quarterly* 81/1, S. 49–66.

HERWARTZ-EMDEN, LEONIE (Hg.) (1999): *Einwandererfamilien. Geschlechterverhältnisse und Akkulturation* (IMIS-Schriften Band 9), Osnabrück: Universitätsverlag rasch.

HETTLAGE, ROBERT/DEGER, PETRA/WAGNER, SUSANNE (Hg.) (1999): *Kollektive Identität in Krisen. Ethnizität in Region, Nation, Europa*, Opladen: Westdeutscher Verlag.

HOFFMANN-NOWOTNY, HANS-JOACHIM (1970): *Migration. Ein Beitrag zu einer soziologischen Erklärung*, Stuttgart: Enke.

HOLMS, COLIN (1996): *Migration in European History*, I and II, Cheltenham, Brookfield: Elgar.

INFORMATIONSZENTRUM SOZIALWISSENSCHAFTEN/LANDESZENTRUM FÜR ZUWANDERUNG NORDRHEIN-WESTFALEN (Hg.) (2000): *Einwanderung im Spiegel sozialwissenschaftlicher Forschung – eine Bilanz*, Opladen: Leske + Budrich.

KERR, CLARK (1954): »The Balkanization of Labor Markets«. Wieder erschienen in: DERS. (1977), *Labor Markets and Wage Determination*, Berkeley/CA, London: University of California Press, S. 21–37.

KORTE, HERMANN (1983a): »Migration und ihre sozialen Folgen«. In: HERMANN KORTE/ALFRED SCHMIDT, *Migration und ihre sozialen Folgen*, Göttingen: Vandenhoeck & Ruprecht, S. 9–99.

KORTE, HERMAN/SCHMIDT, ALFRED (1983b): *Migration und ihre sozialen Folgen*, Göttingen: Vandenhoeck & Ruprecht.

KRAMER, HELGARD (Hg.) (1997): *Globalization of Communication and Intercultural Experience*, Berlin: Freie Universität Berlin.

KRITZ, MARY M./LIM, LIN LEAN/ZLOTNIK, HANIA (Hg.) (1992):

International Migration Systems. A Global Approach, Oxford: Clarendon Press.

KURTHEN, HERMANN/FIJALKOWSKI, JÜRGEN/WAGNER, GERT G. (Hg.) (1998): *Immigration, Citizenship, and the Welfare State in Germany and the United States* (Part A and Part B). Stanford/CA, London: JAI Press.

LEDERER, HARALD W. (1997): *Migration und Integration in Zahlen*, Bamberg: Universität Bamberg/europäisches forum für migrationsforschung (CD-ROM).

LEDERER, HARALD W./RAU, ROLAND/RÜHL, STEFAN (1999): *Migrationsbericht 1999. Zu- und Abwanderung nach und aus Deutschland* (im Auftrag der Beauftragten der Bundesregierung für Ausländerfragen), Bamberg: Universität Bamberg/europäisches forum für migrationsforschung.

LEE, EVERETT S. (1966): »A Theory of Migration«. *Demography* 3, S. 47–57.

LEWIS, G.J. (1982): *Human Migration. A Geographical Perspective*, New York/NY: St. Martin's Press.

LEWIS, WILLIAM ARTHUR (1952): *The Principles of Economic Planning. A Study Prepared for the Fabian Society*, London: Dobson/Allen & Unwin (3. Aufl., Erstausgabe 1949).

LINDENBERG, SIEGWART (1996): »Die Relevanz theoretischer Brückenannahmen«. *Kölner Zeitschrift für Soziologie und Sozialpsychologie* 48, S. 126–140.

LUTZ, BURKART (1987): *Arbeitsmarktstruktur und betriebliche Arbeitskräftestrategie*, Frankfurt, New York/NY: Campus.

MABOGUNJE, AKIN LADIPO (1970): »Systems approach to a theory of rural-urban migration«. *Geographical Analysis* 2, S. 1–18.

MARTÍNEZ, OSCAR JÁQUEZ (1998): *Border People. Life and Society in the U.S.-Mexico Borderlands*, Tucson/AZ: University of Arizona Press (3. Aufl., Erstauflage 1994).

MASSEY, DOUGLAS/ALARCÓN, RAFAEL/DURAND, JORGE/GONZÁLEZ, HUMBERTO (1987): *Return to Aztlan: The Social Process of International Migration from Western Mexico*, Berkeley/CA, Los Angeles/CA: University of California Press.

MASSEY, DOUGLAS/ARANGO, JOAQUIN/HUGO, GRAME/KOUAOUCI, ALI/PELLEGRINO, ADELA/TAYLOR, JAMES EDWARD (1993): »Theories of International Migration: A Review and Appraisal«. *Population and Development Review* 19, S. 431–466.

Massey, Douglas/Arango, Joaquin/Hugo, Grame/Kouaouci, Ali/Pellegrino, Adela/Taylor, James Edward (1994): »An Evaluation of International Migration Theory: The North American Case«. *Population and Development Review* 20, S. 699–751.

Massey, Douglas S./Espinosa, Kristin (1997): »What's Driving Mexico-U.S. Migration? A Theoretical, Empirical, and Policy Analysis«, *American Journal of Sociology* 102, S. 939-999.

Massey, Douglas S./Arango, Joaquín/Hugo, Grame/Kouaouci, Ali/Pellegrino, Adela/Taylor, James Edward (1998): *Worlds in Motion. Understanding International Migration at the End of the Millennium*, Oxford: Clarendon Press.

Meadows, Dennis L. (2000): »Es ist zu spät für eine nachhaltige Entwicklung. Nun müssen wir für eine das Überleben sichernde Entwicklung kämpfen«. In: Wilhelm Krull (Hg.), *Zukunftsstreit*, Weilerswist: Velbrück Wissenschaft, S. 125–149.

Mandel, Ruth/Wilpert, Czarina (1994): »Migration zwischen der Türkei und Deutschland: Ethnizität und kulturelle Zwischenwelten«. *Annali di Sociologia/Soziologisches Jahrbuch* 10, S. 467–485.

Miera, Frauke (1996): *Zuwanderer und Zuwanderinnen aus Polen in Berlin in den 90er Jahren*, Berlin: Wissenschaftszentrum (Discussion Paper FS I 96–106).

Miles, Robert/Thränhardt, Dietrich (Hg.) (1995): *Migration and European Integration: The Dynamics of Inclusion and Exclusion*, London, Cranbury: Pinter Publishers.

Mines, Richard (1981): *Developing a Community Tradition of Migration: A Field Study in Rural Zacatecas, Mexico and California Settlement Areas* (Monographs in U.S.-Mexican Studies 3), La Jolla: Center for U.S.-Mexican Studies, San Diego/CA: University of California.

Mintzel, Alf (1997): *Multikulturelle Gesellschaften in Europa und Nordamerika. Konzepte, Streitfragen, Analysen, Befunde*, Passau: Wissenschaftsverlag.

Morokvasic, Mirjana/Rudolph, Hedwig (Hg.) (1994): *Wanderungsraum Europa. Menschen und Grenzen in Bewegung*, Berlin: sigma.

Münz, Rainer/Seifert, Wolfgang/Ulrich, Ralf (1997): *Zuwanderung nach Deutschland. Strukturen, Wirkungen, Perspektiven*, Frankfurt/M.: Campus.

NAUCK, BERNHARD (1985): *Arbeitsmigration und Familienstruktur. Eine Analyse der mikrosozialen Folgen von Migrationsprozessen*, Frankfurt, New York/NY: Campus

NAUCK, BERNHARD (1988): »Sozialstrukturelle und individualistische Migrationstheorien. Elemente eines Theorienvergleichs«. *Kölner Zeitschrift für Soziologie und Sozialpsychologie* 40, S. 15–39 .

NUSCHELER, FRANZ (1995): *Internationale Migration. Flucht und Asyl*, Opladen: Leske + Budrich.

OECD (1996): *Migration and the Labour Market in Asia*, Paris: OECD.

ONG, AIHWA/NONINI, DONALD (Hg.) (1997): *Ungrounded Empires. The Cultural Politics of Modern Chinese Transnationalism*, London, New York/NY: Routledge.

PAPADEMETRIOU, DEMETRIOS G./MARTIN, PHILIP L. (Hg.) (1991): *The Unsettled Relationship: Labor Migration and Economic Development*, New York/NY: Greenwood Press.

PARNREITER, CHRISTOF (1999): »Migration: Symbol, Folge und Triebkraft von globaler Integration. Erfahrungen aus Zentralamerika«. In: CHRISTOF PARNREITER/ANDREAS NOVY/KARIN FISCHER (Hg.), *Globalisierung und Peripherie. Umstrukturierung in Lateinamerika, Afrika und Asien* (Historische Sozialkunde 14), Frankfurt/M.: Brandes und Apsel, Wien: Südwind, S. 129–149.

PIORE, MICHAEL J. (1979): *Birds of Passage: Migrant Labor in Industrial Societies*, New York/NY: Cambridge University Press.

PORTES, ALEJANDRO (Hg.) (1995): *The Economic Sociology of Immigration. Essays on Networks, Ethnicity, and Entrepreneurship*, New York/NY: Russell Sage Foundation.

PORTES, ALEJANDRO (Hg.) (1996): *The New Second Generation*, New York/NY: Russell Sage Foundation.

PORTES, ALEJANDRO/SENSENBRENNER, JULIA (1993): »Embeddedness and Immigration: Notes on the Social Determinants of Economic Action«. *American Journal of Sociology* 98, S. 1320–1350.

PRIES, LUDGER (1996): »Transnationale soziale Räume. Theoretisch-empirische Skizze am Beispiel der Arbeitswanderungen Mexiko-USA«. *Zeitschrift für Soziologie* 6, S. 437–453.

PRIES, LUDGER (Hg.) (1997a): *Transnationale Migration*, Sonderband 12 der Zeitschrift *Soziale Welt*, Baden-Baden: Nomos.

PRIES, LUDGER (1997b): »Typenbildung in den Sozialwissenschaften – Eine Einladung zur Reflexion«. *Zeitschrift für Sozialisationsforschung und Erziehungssoziologie* 17, S. 437–441.

PRIES, LUDGER (1998): »›Transmigranten‹ als ein Typ von Arbeitswanderern in pluri-lokalen sozialen Räumen. Das Beispiel der Arbeitswanderungen zwischen Puebla/Mexiko und New York«. *Soziale Welt* 49, S. 135–150.

PRIES, LUDGER (1999): »Die Neuschneidung des Verhältnisses von Sozialraum und Flächenraum: Das Beispiel transnationaler Migrationsräume«. In: CLAUDIA HONEGGER/STEFAN HRADIL/FRANZ TRAXLER (Hg.), *Grenzenlose Gesellschaft?*, Opladen: Leske + Budrich, S. 437–452.

PRIES, LUDGER (2000): »Transnational Social Spaces: Do We Need a New Approach in Response to New Phenomena!?« In: LUDGER PRIES (Hg.), *New Transnational Social Spaces. International Migration and Transnational Companies*, London: Routledge (forthcoming).

RAVENSTEIN, ERNEST GEORGE (1972): »Die Gesetze der Wanderung I und II«. In: GYÖRGY SZELL (Hg.), *Regionale Mobilität. Elf Aufsätze*, München: Nymphenburger Verlagshandlung, S. 41–94 (engl. Original 1885 und 1889).

REYNOLDS, LLOYD G. (1949): *Labor Economics and Labor Relations*, Englewood Cliffs: Prentice-Hall.

ROBINSON, VAUGHAN (1996): *Geography and Migration* (The International Library of Studies on Migration 2), Cheltenham, Brookfield: Elgar.

RUDOLPH, HEDWIG/MOROKVASIC, MIRJANA (Hg.) (1993): *Bridging States and Markets. International Migration in the Early 1990s*, Berlin: sigma.

SANTEL, BERNHARD (1995): *Migration in und nach Europa*, Opladen: Leske + Budrich.

SASSEN, SASKIA (1988): *The Mobility of Labor and Capital: A Study in International Investment and Labor Flow*, Cambridge: Cambridge University Press.

SASSEN, SASKIA (1991): *The Global City*, New York/NY, London: Princeton University Press.

SASSEN, SASKIA (1998): *Globalization and Its Discontents*, New York/NY: The New York Press.

SEIFERT, WOLFGANG (1995a): *Die Mobilität der Migranten. Die berufliche, ökonomische und soziale Stellung ausländischer Arbeitnehmer in der Bundesrepublik*, Berlin: sigma.

SEIFERT, WOLFGANG (Hg.) (1995b): *Wie Migranten leben. Lebensbedingungen und soziale Lage der ausländischen Bevölkerung in der Bundesrepublik*, Berlin: Wissenschaftszentrum (Discussion Paper FS III 95-401).

SIMMEL, GEORG (1903): »Soziologie des Raumes«. Nachdruck in: HEINZ-JÜRGEN DAHME/OTTHEIN RAMMSTEDT (Hg.) (1983), *Simmel. Schriften zur Soziologie*, Frankfurt/M.: Suhrkamp, S. 221-242.

SMITH, ROBERT (1995): *»Los ausentes siempre presentes«. The Imagining, Making and Politics of a Transnational Community between Ticuani, Puebla, Mexico, and New York City*, (unveröffentlichte Dissertation, New York/NY: Columbia University.

SMITH, ROBERT (1997): »Reflections on Migration, the State and the Construction, Durability and Newness of Transnational Life«. In: LUDGER PRIES (Hg.), *Transnationale Migration*, Sonderband 12 der Zeitschrift *Soziale Welt*, Baden-Baden: Nomos, S. 197-220.

SMITH, MICHAEL PETER/GUARNIZO, LUIS EDUARDO (Hg.) (1999): *Transnationalism from Below* (Volume 6 of Comparative Urban & Community Research), New Brunswick/NJ, London: Transaction Publishers (2. Aufl).

SOPEMI/OECD (Hg.) (1999): *Trends in International Migration. Continuous Reporting System on Migration* (Annual Report), Paris: OECD.

STALKER, PETER (2000): *Workers Without Frontiers. The Impact of Globalization on International Migration*, Boulder/CO. London, Genf: Lynne Rienner/ILO.

STARK, ODED (1984): »Discontinuity and the Theory of International Migration«. *Kyklos* 37, S. 206-222.

STARK, ODED (1991): *The Migration of Labor*, Oxford: Blackwell.

STUCKEY, BARBARA/FAY, MARGARET (1980): *Produktion, Reproduktion und Zerstörung billiger Arbeitskraft: Ländliche Subsistenz, Migration und Urbanisierung*, Max-Planck-Institut zur Erforschung der Lebensbedingungen der wissenschaftlich-technischen Welt, Frankfurt/M.: Suhrkamp, S. 126-168.

SZELL, GYÖRGY (Hg.) (1972): *Regionale Mobilität. Elf Aufsätze*, München: Nymphenburger Verlagshandlung.

TEITELBAUM, MICHAEL S./WINTER, JAY M. (1998): *A Question of Numbers. High Migration, Low Fertility, Politics of National Identity*, New York/NY: Hill & Wang.

THOMAS, WILLIAM I./ZNANIECKI, FLORIAN (1958): *The Polish Peasant in Europe and America*, New York/NY: Dover Publications (Originalausgabe 1918–1921).

THRÄNHARDT, DIETRICH (1997): »Zuwanderungspolitik im europäischen Vergleich«. In: STEFFEN ANGENENDT (Hg.), *Migration und Flucht. Aufgaben und Strategien für Deutschland, Europa und die internationale Gemeinschaft*, München: Oldenbourg Verlag (gleichzeitig Schriftenreihe Band 342 der Bundeszentrale für politische Bildung), S. 137–153.

TOBLER, WALDO (1995): »Migration: Ravenstein, Thornthwaite, and beyond«. *Urban Geography* 16, S. 327–343.

TODARO, MICHAEL P. (1969): »A Model of Labor Migration and Urban Unemployment in Less Developed Countries«. *The American Economic Review* LIX/1, S. 138–148.

TREIBEL, ANNETTE (1999): *Migration in modernen Gesellschaften: Soziale Folgen von Einwanderung, Gastarbeit und Flucht*, München: Juventa (2. überarb. Aufl., Erstauflage 1990).

WALLERSTEIN, IMMANUEL (1986): *Das moderne Weltsystem – Die Anfänge kapitalistischer Landwirtschaft und die europäische Weltökonomie im 16. Jahrhundert*, Frankfurt/M.: Syndikat.

WEIDACHER, ALOIS (Hg.) (2000): *In Deutschland zu Hause. Politische Orientierungen griechischer, italienischer, türkischer und deutscher junger Erwachsener im Vergleich*, Opladen: Leske + Budrich.

WEINER, MYRON (1985): »On International Migration and International Relations«. *Population and Development Review* 11/3, S. 441–455.

WILPERT, CZARINA (1992): »The Use of Social Networks in Turkish Migration to Germany«. In: MARY M. KRITZ/LIN LEAN LIM/HANIA ZLOTNIK (Hg.), *International Migration Systems. A Global Approach*, Oxford: Clarendon Press, S. 177–189.

ZIEGENFUSS, WERNER (Hg.) (1956): *Handbuch der Soziologie*, Stuttgart: Enke.

ZOLBERG, ARISTIDE R./SMITH, ROBERT C. (1996): *Migration Systems in Comparative Perspective. An Analysis of the Inter-American Migration System with Comparative Reference to the Mediterranean-European System*, New York/NY: The New School for Social Research.

Theresa Wobbe

Weltgesellschaft

Weltgesellschaft, Weltsysteme, internationales System und Globalisierung – diese Begriffe prägen gegenwärtige Analysen, ohne immer präzise voneinander abgegrenzt zu sein. Im Anschluss an die Auseinandersetzung mit der Begrifflichkeit bietet der vorliegende Band eine Einführung in die Konzepte der Weltgesellschaft von Peter Heintz, Niklas Luhmann und John Meyer. Diese zeichnen sich vor allem dadurch aus, dass Unterschiede in der Weltgesellschaft als interne Differenzierungen des weltgesellschaftlichen Systems verstanden werden. Abschließend werden Differenzierungsprozesse in Politik und Recht dargestellt, die den Wandel des globalen Erwartungshorizonts in der Weltgesellschaft dokumentieren.

Theresa Wobbe ist Professorin für Soziologie an der Staatswissenschaftlichen Fakultät der Universität Erfurt.

Frühjahr 2000

ISBN 3-933127-13-0

Jörg Dürrschmidt

Globalisierung

Dieser Band stellt einleitend verschiedene Definitionen von Globalisierung vor und setzt anschließend die Begriffe Globalisierung, Globalität und Globalismus zueinander in Relation. Die Genese der Globalisierungsdebatte von Wallersteins Theorie der Weltsysteme bis zu den klassischen Beiträgen von Robertson und Giddens ist Gegenstand des zweiten Teils.

In diesem Kontext werden auch die grundlegenden Dimensionen von Globalisierung, wie z.B. »time-space compression«, vorgestellt und erläutert. Den Abschluss des Bandes bildet die Beschäftigung mit den aktuellen Debatten über das Verhältnis von Moderne und Globalisierung sowie über den Widerspruch zwischen Heterogenisierungs- und Homogenisierungstendenzen im Prozess der Globalisierung.

Jörg Dürrschmidt ist Lecturer in Sociology an der University of the West of England, Bristol. Sein Forschungsinteresse liegt in der Phänomenologie der Globalisierung.

Herbst 2001

ISBN 3-933127-10-6

Einsichten – das Programm bis 2002

THOMAS KURTZ Halle/Saale
Berufssoziologie
Herbst 2001
ISBN 3-933127-50-5

GÜNTHER SCHLEE Halle/Saale
Ethnizität
Erscheinungstermin noch offen
ISBN 3-933127-14-9

MARTIN KRONAUER Göttingen
Exklusion/Underclass
Erscheinungstermin noch offen
ISBN 3-933127-15-7

BETTINA HEINTZ Mainz/Zürich
THERESA WOBBE Erfurt
Geschlechtersoziologie
Erscheinungstermin noch offen
ISBN 3-933127-16-5

JÜRGEN KAUBE Berlin
Gesellschaft
Erscheinungstermin noch offen
ISBN 3-933127-09-2

UWE SCHIMANK
UTE VOLKMANN Hagen
Gesellschaftliche Differenzierung
Frühjahr 1999
ISBN 3-933127-06-8

JÖRG DÜRRSCHMIDT Bristol/UK
Globalisierung
Herbst 2001
ISBN 3-933127-10-6

BEATE KRAIS Darmstadt
Habitus
Frühjahr 2001
ISBN 3-933127-17-3

HARTMANN TYRELL Bielefeld
Handlung
Herbst 2001
ISBN 3-933127-18-1

KARL-SIEGBERT REHBERG Dresden
Institution
Herbst 2001
ISBN 3-933127-19-X

ANDRÉ KIESERLING München
Interaktion
Erscheinungstermin noch offen
ISBN 3-933127-38-6

KLAUS EDER Berlin
Klasse
Erscheinungstermin noch offen
ISBN 3-933127-20-3

HEINZ MESSMER Bielefeld
Konflikt
Erscheinungstermin noch offen
ISBN 3-933127-21-1

STEFANIE EIFLER Bielefeld
Kriminalsoziologie
Frühjahr 2001
ISBN 3-933127-62-9

ALOIS HAHN Trier
Kultur
Herbst 2002
ISBN 3-933127-22-X

GALLINA TASHEVA Bielefeld
Lebenswelt
Erscheinungstermin noch offen
ISBN 3-933127-23-8

JOHANNES SCHMIDT Bielefeld
Liebe und Freundschaft
Erscheinungstermin noch offen
ISBN 3-933127-24-6

RAINER WINTER Aachen
Medienkultur
Erscheinungstermin noch offen
ISBN 3-933127-25-4

GUNNAR STOLLBERG Bielefeld
Medizinsoziologie
Frühjahr 2001
ISBN 3-933127-26-2

LUDGER PRIES Göttingen
Internationale Migration
Frühjahr 2001
ISBN 3-933127-27-0

RAIMUND HASSE Aachen
GEORG KRÜCKEN Bielefeld
Neo-Institutionalismus
Herbst/Winter 1999/2000
ISBN 3-933127-28-9

FRANK WELZ Freiburg
Norm
Frühjahr 2002
ISBN 3-933127-58-0

VERONIKA TACKE Bielefeld
Organisationssoziologie
Erscheinungstermin noch offen
ISBN 3-933127-29-7

URS STÄHELI Bielefeld
Poststrukturalistische Soziologien
Frühjahr 2000
ISBN 3-933127-11-4

PAUL B. HILL Aachen
Rational Choice Theory
Herbst 2001
ISBN 3-933127-30-0

VOLKHARD KRECH Heidelberg
Religionssoziologie
Sommer 1999
ISBN 3-933127-07-6

KLAUS PETER JAPP Bielefeld
Risiko
Herbst 2000
ISBN 3-933127-12-2

AXEL GRÖNEMEYER Bielefeld
Soziale Probleme
Frühjahr 2001
ISBN 3-933127-59-9

JOACHIM THÖNNESSEN Osnabrück
Soziologie des Körpers
Herbst 2001
ISBN 3-933127-53-X

OTTHEIN RAMMSTEDT Bielefeld
Soziologiegeschichte 1870 – 1918
Erscheinungstermin noch offen
ISBN 3-933127-32-7

JÜRGEN MACKERT Berlin
Staatsbürgerschaft/Citizenship
Frühjahr 2001
ISBN 3-933127-60-2

HARTMUT HÄUSSERMANN Berlin
Stadtsoziologie
Herbst 2001
ISBN 3-933127-33-5

RUDOLF STICHWEH Bielefeld
Systemtheorie
Erscheinungstermin noch offen
ISBN 3-933127-34-3

THOMAS FAIST Bremen
Transnationale Räume
Herbst 2001
ISBN 3-933127-35-1

THERESA WOBBE Erfurt
Weltgesellschaft
Frühjahr 2000
ISBN 3-933127-13-0

DIRK BAECKER Witten/Herdecke
Wirtschaftssoziologie
Herbst 2001
ISBN 3-933127-36-X

PETER WEINGART Bielefeld
Wissenschaftssoziologie
Erscheinungstermin noch offen
ISBN 3-933127-37-8

SABINE MAASEN München
Wissenssoziologie
Sommer 1999
ISBN 3-933127-08-4